「ゆるす」という禅の生き方

枡野俊明
masuno shunmyo

水王舍

「ゆるす」という禅の生き方

はじめに

現代を象徴する言葉をあげるとすれば、「情報化」と「高速化」ということになるかもしれません。次から次に様々な情報が発信され、時はめまぐるしく過ぎていきます。その中で生きている現代人は、常に情報による刺激にさらされ、また、時間に追われていると思います。

それがストレスのタネになっていることは疑う余地がありません。自分が置かれている環境やそこでの人間関係に、いら立ちを覚えたり、やりきれなさを感じたりするのも、ストレスが高じて、心が渇いてしまっているからでしょう。

渇いた心はしなやかさを失います。そのため、ものごとを受けとめる力が弱くなって、些細なことにも動揺してしまう。穏やかな状態ではいられなくなるのです。

みなさんも、仕事上、もしくは人間関係の中で、「ゆるせない！」「受け入れがたい！」と感じたことがあるのではないでしょうか。

もちろん、どう考えてもゆるしがたいということはあります。悪意を持って人を騙す、根も葉もない噂を流す——。そうしたことに対してはゆるす必要などありません。

しかし、**ゆるしがたいと感じていることの中には、心が変われば、もっといえば、心がしなやかさを取り戻したら、ゆるせることがかなりあるのではないか**と思うのです。いや、ゆるしがたいことのほとんどは、渇いた心や穏やかさをなくした心が、そうさせているのだ、と私は思っています。

ものごとを「あるがまま」「そのまま」に受けとめる。

禅の根本的な考え方はそこにあります。**それは同時にゆるすための前提でもあります。**たとえば、上司をゆるせないと思うことがあるかもしれません。しかし、ゆるせないのは、「上司ならこうあるべきだ」という自分の価値観に照らして、相手を見ているからです。自分のものさしを相手に押しつけているといってもいいと思います。

それならば、ものさしを一度外してみることです。すると、「人はそれぞれなのだから、このような人がいても不思議はない」と思えてきます。それが、あるがまま、そのままに受けとめるということでしょう。そう考えられたら、他人のふる舞いも違った捉え方ができませんか？　上司がどうであろうと、憤りを感じたり、怒りを覚えたりすることなく、自分は自分のやるべきことに集中できる。逆にそんな上司に振りまわされない自分でいられるのです。それは広い意味で、相手を「ゆるしている」ことになるのだ、と私は思います。

本書では、みなさんが日常的に出合いそうな様々な「ゆるしがたい」状況を想定し、禅の視点からゆるすための道筋を考えてみました。**ゆるすことであなたは確実に変わります。**たとえば、

・周囲の「評価」が気にならなくなる
・「嫉妬」や「怨み」から解放され心が晴れやかになる
・ものに「執着」することがなくなる

・恋愛や家族関係を含めた人間関係がよくなる

そうした変化が起きるのです。

これはほんの一例ですが、**対象が何であれ、ゆるすことで心は自由になります。**自由な心とは、しなやかで豊かな心といってもいいでしょう。

それこそ、めまぐるしい情報化社会を生きる現代人にとって必須なものではないでしょうか。

心がしなやかで豊かになれば、ものごとを受け入れる度量、すなわち人としての器が大きくなるのです。また、何かを判断したり、決断したりするときに、迷うことがなくなり、正しい判断、決断ができるようになります。それは、人生を充実したものにしてくれるはずです。

どうぞ、本書で禅が照らし出す「ゆるし」への道筋をたどってみてください。必ず、周囲の風景が晴れ晴れとしたもの、穏やかなものに変わります。それはきっと、よりよい、清々しい、そして、美しい人生に繋がるものです。

目次

第2章

「自分をゆるす」ためにできること

第3章
実践！「ゆるせない相手」をつつみ込む

第4章

ケースに学ぶ　人をゆるす「心」の育て方

第5章
「心の静寂」を保てば豊かになれる

第 I 章

「ゆるせない事実」はどう受けとめるべきか?

「もう、やってられない……」そんな職場でどう頑張るか？

仕事で存分に能力を発揮したいという思いは、誰もが持っているものだと思います。しかし、現実にはなかなか思いどおりにいかない。そこで、自分が置かれている職場の環境や、仕事内容に不平不満の矛先が向けられることになります。

「こんな仕事では力が発揮できない。どうして自分の能力が活かせる仕事を与えてくれないのだろう」

仕事環境への怨み節――。それが高じれば、そんな環境しか用意してくれない上司や会社がゆるせないということになるでしょう。しかし、考えてもみてください。**能**

力を一〇〇パーセント発揮できる職場環境というものが、そもそもあるでしょうか？

会社という組織の一員である以上、どのような仕事が与えられるかは、会社の方針なり、上司の意向なりによって決まるのではありませんか？　自分で仕事を選ぶことができないというのが、組織の通常のあり様です。**仮に、つまらない、やる気が出ないと感じたとしても、やらなければいけないもの、やるべきものとして仕事はあるはずです。**

まず、仕事とはそういうものであるということを受け入れましょう。すると違った発想ができるようになります。やらなければいけない、あるいはやるべき〝与えられた仕事〟の中で、どうしたら自分の力を最大限に活かしていけるのか、というところに考えが向きませんか？　そこにこそ工夫は生まれるのです。

「こんな仕事、誰がやっても結果は同じだよ……。いや、ちょっと待てよ。何とか自分流のやり方ができないものかな……。よし、この仕事はほかでもない、この私がやったという〝跡〟を残してやろう」

ということになる。**仕事を自分の色に染めあげる、仕事の中に自分の足跡を残すと**

いう発想になれば、どんな仕事にも「主人公」として取り組むことができます。ちなみに、この「主人公」という言葉は、もともと禅語です。こんな逸話もあります。瑞《ずい》巌《がん》師《し》彦《げん》という禅師にまつわるものですが、この和尚は毎日自分に向かって「主人公(でいるか)?」と問いかけ、みずから「はい」と答えていたといいます。

何ごとにも自分として主体的に向き合っているか否かを、日々確認していたということでしょう。**仕事についても、受け身で取り組むのと、主体的に取り組むのとでは、結果は大きく変わってきます。**たとえば、〝取るに足らない〟仕事の代表と見られているお茶を淹《い》れることでも、「お茶くみなんて……」という姿勢で取り組むのと、「おいしいお茶を淹れてあげよう」という思いを持って取り組むのとでは、文字どおりひと味もふた味も違ったものになるはずです。

前者がお湯の温度も、茶葉の量も、出すタイミングも、すべてが〝適当〟になるのに対して、後者はそれぞれに〝心配り〟が行き届いたものになるに違いありません。

猫舌の課長のお茶はいちばん先に茶碗に注ぎ、少し冷めた状態で出そう、濃いお茶が好きな係長には味も香りもよく染み出た状態で……といった具合にです。

たかがお茶じゃないか、などとは思わないでください。あなたは「三献茶《さんげんちゃ》」という言葉を知っていますか？　豊臣秀吉が近江長浜の城主だった頃、鷹狩りの途中にとある寺を訪れ、そこでお茶を所望します。寺にいた若者は大きな茶碗にたっぷりと入ったぬるめのお茶を差し出します。秀吉は、喉が渇いていたためそれを一気に飲み干し、「もう一服所望じゃ」と二杯目を要求します。出てきたのはやや小さめの茶碗に入った少し熱めのお茶でした。それも飲み終えた秀吉はさらに三杯目を求めます。次に若者が差し出したのは、小さな茶碗に少し入ったとびきり熱いお茶でした。秀吉はこの若者を即刻召し抱えます。

まず、喉の渇きを癒すためのぬるめのお茶を献じ、次に味や香りを楽しめるやや熱めのお茶、最後にはじっくりと味わうためのかなり熱いお茶を献じた、その心配りに感じ入ったからです。三献茶の言葉の由来となったこのエピソードの〝主人公〟が、後の石田三成です。**一事が万事。〝たかがお茶〟にも心配りができる人は、すべてに心配りができる人であり、どんな仕事にも主人公として臨める人です。**そこにはほかの誰でもない、その人の色があらわれているし、足跡が残っています。

あまりに低い評価に「ゆるせない！」と感じたら

仕事でも、行動でも、そのモチベーションを高めるのは一体何でしょうか。あなたがやったことに対する「評価」がそれだと思います。

成し遂げた仕事が高評価であれば、「よし、次の仕事はもっと頑張るぞ！」という気持ちになるでしょうし、やる気が湧いて次の行動にもはずみがつくことでしょう。

そう、**人は評価をいつも気にして、どこかでいい評価を求めているの**です。知っておいてほしいのは、**そのことが〝落とし穴〟になる可能性もある**ということ。つまり、思ったような評価が得られない場合、モチベーションが急降下し、仕事だけでなく、すべてにおいてやる気が失せるということに、いとも簡単になるでしょう。

とくに自分自身が一所懸命やったと感じている場合には、この落とし穴にはまりやすいはず。

「これだけ頑張ったのに、上司から『よくやった』のひと言もない。これじゃあ、やる気もなくなるよな」

そんな思いに駆られる。引いては、そのような上司の下で仕事をしている状況が「ゆるせない」という気持ちにもなるわけです。

しかし、**評価とはそれほど重要なものなのでしょうか**。

ひとつ認識しておくべきは、評価というものは他人、すなわち周囲が下すということです。ですから、自分の〝予測〟とは違って当たり前なのです。仮に自分は一所懸命やったという思いがあっても、上司の期待がそれを上回るところにあったら、あるいは、別の結果や成果を望んでいたのなら、当然よい評価は得られません。**必ずしも「一所懸命＝高評価」という図式は成立しない**のです。

そこに気づくと、評価の受けとめ方が変わってきます。**高い評価、よい評価を得る**

ために一所懸命やるという考えから、評価はあとから勝手についてくるもの、自分にできることは精いっぱいやることしかない、というところに自分自身の仕事やものごとへの考え方が変わっていくことでしょう。

こうなれば、いたずらに評価に振りまわされることはなくなるはず。つまり、評価が得られなくて落ち込んだり、ひがんだり、拗《す》ねたりすることがなくなります。評価が得られないという「ゆるせない」状況から気持ちがスーッと解放されるのです。

逆に、高い評価やよい評価を得たとしても、そのことで慢心したり、傲慢になったりすることもなくなります。

仏教に**「増上慢《ぞうじょうまん》」**という言葉があります。まだ悟りを得ていないのに悟ったと勘違いして驕《おご》り高ぶること、いわゆる自惚《うぬぼ》れることですが、そこに陥ることがなくなるといってもいいでしょう。

ただできることを一所懸命頑張ってやる。それは、そのときどきで、あるがままの姿で生きるということです。

評価などは「どうぞ思いのままにしてください」というくらいに考えたらいいのです。

「えこひいき」に心を乱されないためには

仕事の上で「ゆるしがたい」ことといったら、どんなケースを思い浮かべますか？　職場環境によって様々だとは思いますが、どんな環境でも共通していることをあげるとすれば、「上司が特定の人間をえこひいきしている」ということになると思います。

「今度の新規プロジェクトにも、また、彼が抜擢された。どうしていつも、あいつばかり選ばれるんだ？」

そうしたことが続けば、心穏やかではいられません。

「ゆるすべからざる職場環境」ということになるでしょう。ただし、人は情に流されることが少なくありませんから、このような状況はさほど珍しいことではないようにも思われます。いまの自分の状況がまったくそうだ、と苦虫をかみつぶしている人もいそうですね。

では、なぜえこひいきをされる人、されない人がいるのでしょうか？　その理由は、**えこひいきされる人は上司にとって「都合がよい」ということ**ではないでしょうか。

上司の実績が上がるような仕事の下支えをしてくれる、急に出したやっかいな指示にも文句をいわず対応してくれる、上司のミスも背負ってくれる――。

いずれにしても、上司にとってこんなに都合のよい部下はいないわけです。

えこひいきが起こる根本の原因を探れば、上司の〝都合〟に行き当たるはず。ということは、上司が替わればえこひいきをする対象も変わってくるということになりませんか。なぜなら、上司の〝都合〟は、それぞれ違うからです。

では、上司が替わるとどういう事態になるのでしょうか。昨日まで上司にえこひいきをされ、周囲から羨ましがられていた人は、新たな上司の都合に合わず、その立場から転落します。しかも、その人は少なからず前上司の側近、もっと俗な言葉でいえば〝腰巾着〟と見られていますから、新上司には煙たい存在となるのです。昨日までのアドバンテージが、一転してディスアドバンテージになる。

こうした流れを考えたら、**えこひいきをされているのは、羨ましいことというより、むしろ〝お気の毒〟なことといえないでしょうか。**ましてや、えこひいきしてくれる上司におべっかを使ったり、おもねったりしていれば、周囲はそれも見ていますから、転落後はいっそう厳しい状況に置かれます。

えこひいきや優遇などは「されなくて幸い」と受け取ったらいかがでしょう。えこひいきを受けて〝いい思い〟をしても、それは一時的なものでしかないのです。やはり、**自分を磨いて確実に力をつけていくというのが、ビジネスパーソンが本来歩むべき王道でしょう。**

「それでは、自分がえこひいきをされている立場だったら?」

上司の都合ですから、そういう状況もあり得ます。ここはふる舞い方がポイントです。もっとも控えるべきは、えこひいきされていることを鼻にかけるふる舞いです。それでなくても周囲は苦々しい思いで見ていますから、上司の覚えがめでたい自分は特別な存在、みんなとは違うのだといった言動は、その思いを煽《あお》ることになります。

「ちょっと目をかけられているからって、調子に乗っているんじゃないよ」

「いい気になっていると、そのうち墓穴を掘るぞ」

といった空気が蔓延する。えこひいきしてくれていた上司が去って、周りが敵ばかりということにもなりかねないのです。


禅では「自然」を「じねん」と読みますが、その意味はたくまないこと。すなわち、**素の自分を失わない**ということです。これが働く上での基本姿勢ではないでしょうか。えこひいきされていることで自分を大きく見せたり、偉ぶったりするふる舞いは、厳《げん》に慎むべきだと思います。

その上で、周囲に対しての気配り、心配りのあるふる舞いが望まれます。忙しそうにしている同僚には「何か手伝うことがあったらいってね」などの声をかける、「おはようございます」の挨拶をみずから率先してする、といったことを着実に実践していくことです。その心得があれば、〝不幸にして〟えこひいきをされたとしても、惑わされることも、振りまわされることもありません。

禅に学ぶ、ひどい悪口の防御策

「人の口に戸は立てられぬ」という諺《ことわざ》があるように、噂話はどこからともなく広がるものです。もちろん、噂などどこ吹く風という気構えでいるのがいちばんよいのですが、噂の中身が悪口、陰口ということになったら、やはり、心穏やかではいられなくなります。噂の出所、発信源に対しては「ゆるせない」という思いも湧いてくるでしょう。

しかし、仮に発信源を突きとめ、**意趣返しにその人間の悪口、陰口をいったとしても、心は穏やかになるでしょうか？**

もちろん絶対そうはなりません。待っているのはよりエスカレートした誹謗中傷合戦という、〝無残〟で〝情けない〟泥仕合です。

「悪口は意地の悪い人の慰めである」

これはフランスの哲学者ジョセフ・ジューベルの言葉です。そう、**悪口に悪口で対抗すれば、自分自身も意地の悪い人間に成り下がるだけ**なのです。

悪口の対象にならない方法は、じつはとても簡単です。**他人の悪口、陰口はいわない。**これに尽きます。

少しだけ考えてみてください。

「あの人が他人の悪口をいうのを一度たりとも聞いたことがない」

そのような人に対して、みなさんは悪口、陰口をいえるでしょうか？　よほどのへそ曲がりでもない限り、答えは「NO」でしょう。つまり、自分から悪口、陰口を口にしないことが、その対象にならないもっとも有効な方法なのです。

ただし、人はいろいろですから、それでもとやかくいわれるケースがあるかもしれません。たとえば、寡黙な人に対して、「あの人はいつも仏頂面をしている」「人づき合いが悪いね」「とっつきにくい人ね」といった風聞が立つことだってないとはいえないのです。

さらなる防御策は禅の中にあります。

こんな禅語をご存知ないでしょうか?

「和顔愛語《わげんあいご》」いつも和やかでやさしい表情、慈しみのある言葉をもって人に接しなさい、というのがこの言葉の意味です。

愛語については曹洞宗を開いた道元禅師に次のような言葉が残っています。

「愛語よく廻天の力あることを学すべきなり」(『正法眼蔵《しょうぼうげんぞう》』)

慈しみのある言葉、愛のこもった言葉は、天地をひっくり返すほどの力があることを知りなさい、ということです。じつにパワフル。その愛語が悪口、陰口などをいともたやすく封じてしまうことは、いうまでもないでしょう。

いつでも「和顔愛語」を心がけてください。目標は、〝悪口、陰口をいわず、いつもにこにこしていて、やさしい言葉遣いをする人〟です。一朝一夕にはなれないかもしれませんが、そうしようと心に思い、ともかく実践していくことが大事です。

飽くことのない実践の繰り返し、積み重ねにしか、「本物」になっていく道はありません。

ゆるしがたい嫉妬も対応次第

人の感情の中でもっとも手強い、御しがたいのは「嫉妬」かもしれません。しかも、嫉妬のタネはいたるところにあるからやっかいです。

仕事でいえば、自分より実績を上げている同僚、先に昇進した同僚、給料面などで自分より待遇のよい会社に勤めている友人、肩書きが上の友人——。

プライベートの場面では、わが家より立派な家に住んでいる（高級な車を持っている、いい生活をしている）友人や知人、わが子より有名な学校に合格した子どもを持つ家族、自分の恋人より素敵な彼（彼女）がいる人——。

いちいちあげていたら、まさしくキリがありません。

このように、〝世に嫉妬のタネは尽きまじ〟というのが現代社会ですから、あなたが嫉妬される側にまわることもあるでしょう。たとえば、こんなケース。

転職、あるいは転勤、人事異動で新しい職場環境に移ったときなど、周囲は〝新参者〟を注視しているものです。とくに「できる」という評判があったりすると、厳しい視線が向けられることにもなる。

「どんなにすごいのか、実力のほどをとっくりと拝見させてもらおうじゃない」

といった具合にです。もちろん、冷ややかでも静観しているだけならいいのですが、中には嫉妬に駆られ、〝評判倒れ〟に終わることを願っている輩《やから》がいないとも限りません。

「ここで評判どおりの実力を見せつけられたら勝負にならない。少しばかり邪魔でもしてやるか」

嫉妬は邪《よこしま》な思いに繋がりやすいものです。そしてあれこれと画策する。

たとえば、頼んでおいた資料やデータをなかなか出してくれなかったり、わざと誤った情報を伝えてきたり……。

やられる方にしてみれば、いわれなき嫉妬であり、それこそ「ゆるしがたい所業」ということになるのですが、現実のビジネスシーンでは、哀しいかな、結構こうしたことがあるとも聞きます。

しかし、そこで気色ばんで相手を糾弾《きゅうだん》したり、責任を追及したりするのは得策ではありません。

ここで示すべきは度量や器の大きさです。

「お忙しいのもわからず、手間のかかることをお願いしてしまって、申し訳ありませんでした。この資料がないとどうにもならないので、本当に助かりました。ありがとうございます」

意地悪をして期限よりはるかに遅らせて資料を出したにもかかわらず、こうした対応をされたら、〝出し惜しみ〟をしていた相手はぐうの音も出ません。

嫉妬心から大人げない行動をとった自分を恥じることになるでしょうし、己の器の小ささに思いを向けることにもなると思うのです。

人は度量の違いを感じている相手に嫉妬をすることはありません。その後は仕事の上でよき協力者にもなるはずです。

「慈顔如春風《じがんしゅんぷうのごとし》」という禅語があります。やさしい思いやりに満ちた顔の表情は、春風のように暖かく、心地がよい、といった意味です。

嫉妬には慈顔ならぬ「慈心《じしん》（思いやりの心）」で臨むのがいちばんです。

慈心もまた、のどかな春風のように相手の心を暖かく包み込み、そねみや妬みの気持ちをすっかり溶かしてしまうのです。

繰り返しになりますが、いつなんどき嫉妬の対象にならないとも限らないのが、いまの世の中です。慈心如春風を肝に銘じておきましょう。

ゆるせない「敵」をそのままにしておかないコツ

善し悪しは別として、現代が競争社会であることに異を唱える人はいないでしょう。しかも、小学校のお受験が象徴するように、かなり早い時期から現代人は競争の渦の中に投げ込まれます。そんな環境で育てば、大人になる頃には競争が当たり前になるのも仕方ないことかもしれません。

競争は、つねに勝ち負けを争うものです。つまり、周囲の人間は勝負をかけて競い合う「敵」として存在しているわけです。競争心が高い人ほど、その傾向は強くなります。

とくにビジネスの場では、周囲が〝敵だらけ〟と感じている人は少なくないのではないでしょうか。同僚は「出世競争で負けられない敵」、後輩は〝仕事の実績でけっして追いつかれてはいけない敵」、先輩は「いつか追い抜かなければならない敵」、中には「恋のつばぜり合いをしている敵」がいる人もいるかもしれません。

もちろん、一緒に仕事をしている人間を意識するのは自然なことです。周囲とかかわりなく独りわが道を行くという生き方は、組織で仕事をしている限り不可能といっていいでしょう。誰もが周囲の人を意識し、また、周囲から様々な刺激を受けているはずです。

しかし、その意識の仕方には大別して二つあるのではないかと思います。**ひとつはまさしく「敵」として意識するというもの、そして、もうひとつは「ともに高め合う仲間」として意識するというもの**です。

後者の例はスポーツの世界によく見られますね。たとえば、プロ野球界の長嶋茂雄さんと王貞治さん。二人はいうまでもなく、前人未踏の九年連続日本一という記録を樹立した読売巨人軍を牽引した二枚看板です。お互いに相手を強く意識していたことは想像に難《かた》くありません。

しかし、その意識は、いわゆる切磋琢磨する好敵手としてのものでした。そうであったから、お互いをリスペクトし合い、高め合い、力を結び合って、あの最強の巨人軍を引っ張ることができたのです。

一人は記憶に残る選手、もう一人は記録に残る選手として、日本球界にクッキリと足跡をのこした二人ですが、両者が、長嶋さんがいなければ王さんはなく、王さんがいなかったら長嶋さんもなかった、という関係だったことは明らかでしょう。

「賢者は敵から多くを学ぶ」

これはギリシアの詩人アリストファネスの言葉ですが、**ここでいう「敵」は「切磋琢磨し合う相手」と言い換えてもいい**と思います。

ちょっと視点を変えてみるのです。それだけで、敵もともに高め合う相手に転じます。先の例でいえば、同僚は「自分の頑張りを支えてくれる相手」、後輩は「怠けそうになる自分を奮い立たせてくれる相手」、先輩は「目標として努力を喚起してくれる相手」にそれぞれ変わると思いませんか？　マイナスをプラスに転じる。それこそ禅の考え方の真骨頂です。

こんな話があります。修行中の禅僧が行脚《あんぎゃ》の途中、あばら家に一夜の宿を借ります。いたるところからすきま風が吹き込み、床には落ち葉が積もり放題。床板をはがして燃やし、何とか寒さしのぎの暖を取るという状況ですから、気持ちは沈み、心は惨めさでいっぱいになります。

ここはもう寝るしかないと、ゴロリと横になった禅僧は、思わずハッとします。破れた天井から煌々《こうこう》と差し込む月の光が目に入ったからです。

「ああ、いま自分は、天空に浮かぶあの美しい月の光に包まれている。何と幸せなことだろう」

一瞬にして心から惨めさは消え去り、そこに幸福感が流れ込みます。

あばら家の一夜という状況は同じでも、文字どおり、**視線(視点)を変えることで心のあり様は一八〇度変わる**のです。敵だらけと感じている状況もこれと同じです。視点を変えてみましょう。神経を尖《とが》らせていたその場所の居心地が、いまよりずっとよくなり、心が軽く、晴れやかになっていくはずですよ。

「努力がムダだった……」そんなときは、ここに着目をする

仕事でも、あるいはプライベートな場面でも、自分が何かに取り組んだら、何がしかの結果を求めるのが人間です。商談のための準備をし、実際にその場に臨み、何度か交渉を重ねてきた。しかし、最終的に合意には到らず、商談はまとまらなかった。

そんなとき、心に浮かぶのはこんな思いではないでしょうか。

「一所懸命やったのに、いままでの努力は何だったんだ!」

思ったような結果が出なかったことによって、自分の努力がムダだったような気がしてしまう。しかし、シビアなビジネスの世界では、努力が必ず実を結ぶとは限りま

せんし、能力の高いやり手のビジネスパーソンであっても、いつも思いどおりの結果を得ているわけではありません。「努力が水泡に帰す」という経験を何度もしているものなのです。

こういうときに大切なのは、結果をどう受けとめるかです。受けとめ方はどこに目を向けるかで違ってきます。結果だけにしか目を向けないのなら〝ムダな努力〟ということになるかもしれませんが、結果に到るまでのプロセスに目を向けるのであれば、別の受けとめ方ができるはずだと思います。そう、**〝一所懸命〟ことに当たった自分に注目をする**のです。

そうすれば、納得感が生まれます。思ったような結果にはならなかったが、自分は力の限りを尽くした。それこそ大切なことです。納得感は次の努力のための大いなるエネルギーになるからです。別の言い方をすれば、納得感があってはじめて努力を継続していける、といえるかもしれません。

〝思うようにならなかった結果〟〝納得できない結果〟だけにとらわれていたら、努力することを厭《いと》う気持ちにもなります。「努力したって、どうせ……」ということになっていくでしょう。**せっかく重ねた努力をムダにしてしまうのが、そうした心だということを知ってください。**

日常的な例でいえば、ダイエットがそうかもしれません。あるダイエットに取り組んだものの、一〇日続けてもいっこうにその効果が出ないとき、「なんだ、ぜんぜん痩せないじゃない。一〇日も頑張って損した」と考えてしまう。それであれば、その一〇日間は単なるムダになります。

個人差はあるにしても、ダイエットの結果が出るのは、少なくとも三カ月、六カ月、一年と続ければこそ、ではないでしょうか？

一〇日間の結果しか見ようとしない心が、継続すれば得られるはずだった結果を台なしにしてしまうのです。ここにも、心が努力をムダにするという構図が見られますね。

ムダな努力などはないのです。ムダにするもしないも、ひとえに自分の心次第です。

「継続は力なり」という言葉がありますが、まさに至言。

続けてさえいれば、努力は必ず実を結びます。

損な役まわりの中にある
とても大事なもの

世の中には煩わしいこと、面倒くさいことがたくさんあります。できればそれは避けたいと誰もが思う。身近な例でいえば、マンションなど集合住宅の理事といった立場などがそれに当たるかもしれませんね。

理事といえば、いわゆるお世話係。住人たちの苦情を聞いて、しかるべき対応をしなければいけない役まわりですから、余計なことに貴重な時間を取られるという気分にもなる。場合によっては「よりによって、何で自分が！」と思ったりすることでしょう。

しかし、誰かがそれを担わなければいけないのです。しかも、理事などは持ちまわりですから、嫌でもいつかはその任に就かなければいけない。そうであるなら、「これもご縁だ」と受けとめ、みずから進んで引き受けてみたらいかがでしょう。

どんな役まわりや仕事も、「嫌だな」と思うから〝つまらない〟ものになるのです。それよりも、「どうせやるなら、何かひとつでも住人たちに喜んでもらえることをしよう」という気構えで臨んだら、違ったものになるとは思いませんか？

私が住職をつとめる建功寺（神奈川県横浜市鶴見区）のお檀家さんからこんな話を聞いたことがあります。その人の息子さんが住んでいるマンションで、何か法律的な知識を必要とする問題が持ち上がり、たまたま息子さんにその知識があったため、理事会に出るように頼んでもらえないかとの申し出が周囲からあったというのです。

その旨を伝えると、息子さんはいい顔をしなかったといいます。何で、そんな面倒なことに首を突っ込まなければいけないのだ、という思いだったのでしょう。ところが、母親の強い要請で渋々理事会に出向いた息子さんは、参加することにすっかりハマってしまいます。自分の知識を駆使して問題解決に奔走するようになったのです。

息子さんの気持ちを変えたのは周囲の反応でした。

「あなたみたいな方がいてくださって助かりました」「本当に頼りになります」「やっかいなことなのに、そこまでやっていただいてありがとうございます」

住民たちから次々と感謝の声が上がったのです。

嫌々で引き受けた〝損な〟役まわりが、感謝されることにより、また、自分が役に立っていることを実感することにより、〝やりがいのある〟役まわりに変わったということでしょう。

煩わしいこと、面倒くさいことほど、それを引き受けたら、大きな感謝の声が寄せられるものです。厚い信頼の目を向けられることにもなります。

言葉を換えれば、**損な役まわりほど、やりがいを感じさせてくれる可能性を秘めているということ**です。あなたもそろそろ、こうした宗旨替えをしてみませんか?

どんな役まわりも仕事も、「どうして自分が!」ではなく、「何かひとつ、喜んでもらえることを!」という受けとめ方をする。それが人生を充実したものにするのは、疑う余地がありません。

「将来の見通しが立たない……」そんな不安が消えないのなら

将来のことを考えると不安になる――。経済にも、暮らしにも、なかなか明るい兆しが見えないこの時代、そんな人が少なくないのではないかと思います。しかし、自分の将来がどうなるかは結局のところ、誰にもわからないのです。わかっているのは、人は必ず死ぬということぐらいです。

どんなに綿密に人生のプランを立てていても、想定外のことがいつ起こるかわからないのが、私たちが生きている世の中であり、人生です。東日本大震災のような天変地異がそれまでの暮らしを根こそぎ奪ってしまうことだってありますし、会社の倒産や買収、あるいはリストラなどで、突然、自分の働き場所がなくなってしまうことも珍しくない。病気や事故だって、あらかじめ想定することはできませんね。

それならば、**予測も想定もできないこと、わからないことをあれこれ考えて思い悩んでも仕方がない**ということになりませんか？　しかも、不安な気持ちというものは雪だるま式に大きくなるので、思い悩むほどその分やっかいなものも増えていきます。

たとえば、「会社をリストラされたらどうしよう」という不安に一度でもかられると、この先家族の生活はどうなる？　子どもたちに満足な教育を受けさせられるのか？　夫婦関係は大丈夫か？　親をちゃんと看取ることができるか？　といった具合に不安は家族、身内の崩壊にまでふくらみます。**現実には〝起きてもいない〟ことに振りまわされてしまうわけです。**

禅の『無門関《むもんかん》』という本に「達磨安心《だるまあんじん》」という公案（修行者を導くための問題）があります。中国で禅宗を開いた達磨大師と二祖である慧可《えか》大師との問答に由来するものです。達磨大師のもとに修行中の慧可大師がやってきてこう尋ねます。

「いくら修行をしていても、心の不安をどうすることもできません。どうか、私の心を安らかにさせてください」

達磨大師は答えます。

「そうか。それならばお前さんの不安な心とやらをここに持っておいで。そうしたら、安心させてやろう」

慧可大師は必死になって不安な心を探しますが、いくら探しても見つかりません。そこで、そのことを達磨大師に伝えます。すると大師はいうのです。

「ほら、もうお前の心を安心させてやった」

探しても見つからないのは、不安に実体などないからだ。心が勝手につくり出しているだけのこと。そのことがわかったら、心はいつも安らかでいられる。達磨大師がいわんとしたのはそういうことです。

心の勝手な独り相撲から生じるのが不安です。やるべきことはほかにあります。いま直面していることの一つひとつに精いっぱい取り組む。リストラになったら、病気になったら、なったそのときに正面からそのことに向き合っていったらいいのです。

なぜなら、**人はそのときどきの〝いま〟を生きることしかできないのですから――**。

「語り合える友がいない……」それは気にすることでしょうか？

本来、コミュニケーションは顔と顔を合わせ、言葉を交わし合うことで成立するものです。現代人は、そうした本来の形からあまりにもかけ離れた方法を活用しています。とりわけ若い世代にいえることだと思いますが、コミュニケーションの形が道具なしには成り立たなくなっている。SNS（ソーシャル・ネットワーキング・サービス）がその代表です。

LINE、Facebock、Twitter――。コミュニケーションはもっぱらそれらを通じてという人が急増しているのではないでしょうか。若者たちのコミュニケーションはとても〝密〟です。電車やバスの車内でスマートフォンに見入っている人が何と多いことでしょう。その光景は、そのまま事実を証明しているといっていいでしょう。

しかし、表面的には密であっても、そこに心からの繋《つな》がりはないように見えるのはなぜでしょうか？

ＳＮＳを介した友人がどれほどたくさんいようと、彼らが心底腹を割って語り合える友とは思えないからです。もし、真剣に悩んでいることがあったり、窮地に陥ったりして、相談を持ちかけたとしても、おそらく返信されてくるのは、心が感じられない薄っぺらな言葉でしかないのではないでしょうか。

いたずらにＳＮＳの利便性を否定するつもりはありませんが、そこに集う、いや、群れている仲間は、その程度なのだということは、認識しておくべきだと思います。

なぜなら、**本当に心から語り合える友人は、そう簡単にできるものではないからです**。生涯に一人いれば十分。私はそう考えています。利害関係が一切なく、こちらの耳の痛いことでも、臆することなく諫言《かんげん》してくれる。そんな友人が一人でもいたら人生は豊かになります。

候補として筆頭にあげられるのは、幼馴染みや学生時代の仲間です。利害関係とは離れたところでつき合いが始まっていますし、幼馴染みの場合は育った環境を共有しているということで、価値観が近かったり、お互い共感しやすかったりする、という側面があることでしょう。また、価値観という意味では、趣味の仲間や同じサークルのメンバーなども候補にあがりそうです。〝同好の士〟のつき合いが深まっていくのは、自然の流れともいえるからです。もちろん、仕事を通して繋がった相手が心から語り合える友人になることもないわけではありません。ただし、仕事ではどうしても利害が絡みますから、こちらのケースは少しハードルが高いといえるでしょう。

中には、親しくしている幼馴染みもいないし、学生時代の友人とも疎遠になっていて、周囲にそれらしき人もいない、という人がいることでしょう。「このまま心の友ができないで終わるのか、ああ寂しいものだ……」と、これまで自分が過ごしてきた環境について、嘆きたくなるかもしれません。

しかし人生は先が長いものです。出会いがあって、縁が深まり、心から語り合える友人になっていく。そんな可能性はこれからだって十分にあります。そして、そのポイントはひとつ、と私は思っています。

茶の湯の世界に**「一期一会《いちごいちえ》」**という言葉があります。その人と過ごしているこの時間は、たった一度きりのもので、二度と戻ってはこないとても大切なものなのだ。つねにその心構えで人と接しなさい、というのが言葉の意味です。

この**一期一会の心をもって人と接していく**。それが心の友を得るための入口になるのだと思います。一期一会の心でいたら、ふる舞いも、言葉遣いも、誠意あふれるものになるはずです。**誠意以上に相手の心に響くものはありません。**

そうした誠意が、いつかお互いの心で響き合い、揺るぎない友情が育まれていくことでしょう。心から語り合える友人とはそういうものでしょう。その関係は、年に一度しか会わなくても、しばらく連絡しなくても、微動だにしません。会えばすぐにも心が通い合うはずです。いつも繋がっていないと、すぐに不安になるSNSフレンドとは性質が違います。

いまはまだ出会っていなくとも大丈夫。一期一会を心に刻んでおけば、心の友はきっとみなさんの前にあらわれます。

家族をゆるせなくなる――その前にできるとても簡単なこと

家族関係が大きく変わったのはいつの頃からでしょうか。かつては、祖父母、両親、子どもたちの三世代が同居し、全員が一緒に食卓を囲み、会話を交わすというのが日本の家族の典型でした。それが核家族になり、いまではひとつ屋根の下にいながら、それぞれ個別のライフスタイルで暮らすようになっています。

そんな家族のあり様の変化にともなって、家族関係に悩む人が増えてきている気がします。夫婦間だけでなく親子間までも、どこかギクシャクしている。

しかし、これは考えてみれば当然です。父親は仕事中心で夜遅く帰ってきて寝るだけ、仕事を持つ女性も増えていますから母親も仕事やママ友づき合いに時間を取られる、子どもは子どもで塾通いや部活で忙しい——。

そんな家族模様では顔を合わせる時間もほとんどないのではないでしょうか。

家族間の絆がどんどんほどけて、それぞれが糸の切れた凧のようになっており、お互いに何をしているのかわからないのですから、ギクシャクしない方が不思議なくらいです。

ギクシャクの弊害が露呈するのは、何かことが起こったときです。たとえば、子どもに問題が生じたりすると、父親は「子育てはまかせているのに、しっかりそれができていないなんて妻がゆるせない」となり、母親の方は「仕事ばかりで家庭を顧《かえり》みない夫のせい」ということになるでしょう。子どもだって「好き勝手にやっている両親がゆるせない」という思いを持つかもしれません。

一致団結して問題の解決に当たるべき家族が、もはやバラバラになってしまっている。もちろん、かつてのような家族の姿に復《かえ》るのは現実的に無理があるでしょう。しかし、絆を取り戻すためにできることはあるはずです。

私が提案しているのは、**週に一回程度の家族そろっての食事**です。土曜でも、日曜でもいい。その日の夕食は家族全員が顔をそろえて食卓につく。そんなルールを設けたらいかがでしょう。

一緒に食事をしていれば、「最近何か変わったことはない？」と誰からともなく問いかけることにもなるでしょうし、それが口火となって様々な会話が交わされ、それぞれの様子もわかっていきます。

様子がわかれば、そこは家族ですから、お互いを気遣う気持ちが甦ってきます。そのように、食事を一緒にするだけでも、ほどけた絆を結び直すことに繋がると私は思います。

絆を感じている家族は、それぞれのあるがままを受け入れられる家族です。そして、**何があってもゆるし合える家族です。**

できれば、週一回の食事を家族で一緒につくり、みんなであと片づけをする、という形に発展させていったらどうでしょう。渇いた時代の中で、加速し続ける家族の崩壊に、歯止めをかけるこれ以上の方策はありません。

一休さんに学ぶ、憎しみを消す方法

人間関係は複雑です。その中で人は様々な感情を抱きます。喜怒哀楽はもちろん、憎しみ、怨みという感情とも無縁ではいられない。もしかすると、いつまでも尾を引くのは、相手を憎いという気持ちかもしれません。

信頼していた仕事相手に騙《だま》された、古くからの友人に貶《おとし》められた、愛していた恋人にひどい裏切り方をされた……。

そんなとき相手を憎いと思わない人はいないでしょう。

「ゆるせない！」と感じて当然ですし、それはそれでいいのです。**問題はその思いが**

心にとどまってしまうことです。

ふとしたときに、相手の顔が浮かび、憎悪の心が甦ってくる。明らかに憎しみに縛られている姿です。

しかし、**いくら相手を憎んだとしても、騙されたという〝事実〟が帳消しになることはありません**。事実は事実として受けとめる以外にはないのです。

大切なのは、きちんと受けとめた上でそこから離れること。憎いという思いをさっさと置いて前に進むといってもいい。

「一休さん」の愛称で有名な一休宗純《そうじゅん》禅師にこんな話が伝わっています。一休さんが弟子と街を歩いていたときのこと、鰻屋の前を通りかかると店から鰻のタレが焦げる香ばしいにおいが漂ってきます。「旨そうだな」と一休さんは呟《つぶや》きます。

寺に戻ってから、弟子は感じていた疑問を一休さんにぶつけます。

「先ほど鰻が旨そうだな、とおっしゃいましたが、仏の道を志す者としては不謹慎、不心得ではありませんか？」

一休さんはこともなげにいいます。

「何だ、お前はまだ鰻にとらわれているのか。わしはそんなもの、鰻屋の前に置いてきたわ」

その一瞬、鰻の芳香に「旨そうだ」と感じるのは自然です。しかし、それはその瞬間、その場でのこと。一歩あゆみを進めたときには、その感情はその場に置いたまま、そこから離れていく。それが禅の考え方であり、禅的な生き方です。

どの瞬間にもやるべきことがあるものです。過去にとらわれていたら、その大事なやるべきことが見えなくなります。いまからでも遅くありません。憎いという気持ちを置き去りにして、一歩でも前に進みませんか？

こんなふうに考えるのもいいかもしれません。

「一切衆生悉有仏性《いっさいしゅじょうことごとくぶっしょうあり》」これは仏教の根本的な教えですが、この世に生を受けた者は、誰もがすべて仏性（仏様の心）を持っているのだ、ということです。騙したり、貶めたり、裏切ったりするのは、その心が曇っていて、そこに塵が積もっている証拠というわけです。せっかくの仏様の心に気づいていないという言い方もできますね。

さあ、憎いという気持ちが変わってきませんでしょうか。

「そうか、あの人は本来持っている清らかな心、仏様の心に気づいていないんだ。何て可哀想な人なんだ」

そのように気持ちが切り替われば、〝憎い相手〟の影も取るに足らないほど薄いものになっていくと思います。そうなれば、憎しみを置いてきたはずのあなたがそこにいることでしょう。

お釈迦様は、**「この世は苦に満ちている、人は生まれて、苦しみの中に生きるのだ」**とおっしゃいました。

そのことをあらわしている**「四苦八苦《しくはっく》」**という言葉は、誰もが背負っていく業《ごう》を指します。その一つが**「怨憎会苦《おんぞうえく》」**というものです。これは怨みを持っている人、憎しみを抱いている相手とも会わなければならない、という苦しみのことです。

生きる上で苦しみを感じるのは仕方のないことです。しかし、**それならそのときどきで苦しみを置いていかなければ、どんどん膨らんでいくばかりだとは思いませんか？**

「よし、憎しみなんて置いていこう！」こうした気持ちが大切です。きっと心も軽くなりますよ。

第２章

「自分をゆるす」ために できること

約束を守れない──
それならメールは使わない

「また、約束を守れなかった。ああ、何て自分はダメなんだ……」

約束は守るべきものだということは誰でも知っています。しかし**「知るは易く、おこなうは難し」**で、**とかく右のように感じてしまうのが人間でしょう**。みなさんも大事な約束を破ってしまって、心が痛んだ経験が一度や二度はあるのではないでしょうか。守れなかったことを悔いて、心が痛むと、自分をゆるせなくなることにも繋がっていくことでしょう。

ただ、人には慣れという習性がありますから、約束をすっぽかすということを繰り返してばかりいると、そのことに痛みを感じなくなっていきます。じつはそこが怖いところ。次第に心が痛むこともなくなり、「まあいいや」ということになる。

そんな状態になってしまう前に策を講じなければいけません。日常生活では様々なことが起こりますから、どうしても約束を守れないこともあるでしょう。そうであるならば、**守れなかったときこそどう対応するか**が重要になってきます。

守れないことがあらかじめわかっていれば、約束をした相手に事前に理由を説明する。これが大前提です。さて、その説明の仕方ですが、コミュニケーションツールとして、メールが主流になっているからといって、メールで済ませるのは了見違い。誠意に欠けます。相手がこちらのためにつくってくれた時間を、こちらの都合で反《ほ》古にするわけですから、ここは直接、顔を合わせて説明するのが原則です。

現代人には、都合のよいことは直接会って話す一方で、都合が悪いことになるとメールで済ませようとする傾向がありますが、これは本来逆です。直接、会うことがどうしてもできない場合は、せめて生の声が伝わる電話を使うべきですね。約束の日まで余裕があるなら、その後からでも直筆の手紙をしたためる、といった心配りをしてみてはいかがでしょう。

何ごとも相手の立場になって考えれば、〝道理〟が見えてきます。約束事で考えるなら、自分が約束をキャンセルされる立場で考えるのです。直接、会いにきて説明される、電話で説明される、またはメールのみで行われる……。どれがいちばん納得に繫がるか、道理にかなっているか、もはやいうまでもありませんね。

「面授《めんじゅ》」という禅語があります。道元禅師がよく用いたとされているものですが、教え（大切なこと）は、師と弟子が、直接向き合い、顔を合わせて授けることが重要だ、ということを説いている言葉です。約束を守れないときも、この面授の心が求められます。守れなかった約束の一つひとつにきちんと対応していけば、それが習慣となり、対応を誤ることだってなくなります。**約束を蔑《ないがし》ろにするとは、守れないことではなく、単にきちんとした対応をしないだけのこと**なのですから。

もうひとつ大事なことをあげておけば、約束に軽重《けいちょう》をつけないことです。気の置けない友人との約束も、仕事関係の大切な人との約束も重さは同じ。これも忘れてはいけないポイントです。

つき合いベタに贈る目からウロコの交際術

人づき合いがうまくできない自分に悩んでいる、という人が少なくありません。こんなことでは仕事の実績を上げられない、このままでは恋人なんてできない、周囲から一人だけ浮いてしまうのではないか……。

人づき合いは生活のあらゆる場面で絡んできますから、うまく人とつき合えない人は、何とかそんな自分から脱したいと思っているのではないでしょうか。

では、人とうまくつき合うための条件とは何でしょう。こんなふうに考える人がいるかもしれません。

「やはり〝よい人〟と思われることが基本じゃない？」

しかしながら、これは大変です。まさに十人十色で、十人いれば、各人にとってのよい人はそれぞれ違うからです。

相手に合わせて、何種類ものよい人を〝演じる〟のも、精神的にひどく疲れる作業だという気がします。

そのことによって、仮につき合いが深まっても、**それは自分自身ではなく、よい人を演じている虚像によるもの**です。虚像であり続けるのも、これまた、苦しいことではないでしょうか。

おそらくは、実際の自分と虚像とのギャップに押し潰され、行き詰まってしまい、自分を見失うことになる。

自分をなくしたのでは、うまいヘタ以前に、そもそも人と人とのつき合いとはいえないのではないでしょうか。

誰かとうまくつき合いたいという思いの底には、ともすると損得勘定が蠢《うごめ》いていることがあります。

あの人と親しくなったら、かなりメリットがありそうだ、あの人に信頼されたら、いいポジションに引き上げてくれるかもしれない、人脈がグンと広がるのも期待できる――。

そんな損得勘定が〝よい人〟になることを唆《そそのか》すのです。そして、心ならずも相手が望む虚像に自分を近づけざるを得なくなる。しかし、そんな人づき合いはやめるべきだとは思いませんか？　ありのままの自分でいいのではないですか？　**人と人とのつき合いはすべて「縁」です。自分らしいままで、自分らしい縁を結んでいけばいいのです。**

しゃべりが苦手なら、話し好きな人とつき合わない。引っ込み思案な性格なら、主張が強い相手が好みという人と無理に縁を結ぶことはないのです。

木訥《ぼくとつ》とした話し方に誠実さを汲みとり、親しくなりたいと感じる人は必ずいます。控えめな姿勢に奥ゆかしさ、慎ましさを見て、好感を持つ人は必ずいます。

自分らしくしていたら、自分にふさわしい縁が結ばれるのです。その縁を大切に、丹念に育てていきませんか？

禅語にこんなものがあります。

「花無心招蝶《はなむしんにしてちょうをまねき》、蝶無心尋花《ちょうむしんにしてはなをたずぬ》」

蝶を招く花も、花を訪ねる蝶も、お互いに私心などどこにもなく、ただ、自分の本分をまっとうしている。それでいながら、両者は縁を結び合い、花は蝶に蜜を与え、蝶は花の花粉を運ぶという役割を担っている、という意味です。

人と人との縁もそのように結ばれるのが本物だと思います。

本分をまっとうするとは、自分らしくある、自分らしく生きる、ということです。

そうしていれば縁は必ずめぐってきます。

人づき合いにうまいもヘタもありません。私はそう思っています。

その縁の中で、相手を思いやる自分、自分を思ってくれる相手を感じられるかどうか——。

大切なことはその一点ではないでしょうか。

最高の充実感を手に入れたいのなら

誰かのために何かをすることは、人の大きな喜びのひとつです。バスや電車の車内で高齢者に「どうぞ」と席を譲り、「ありがとう」と笑顔でいわれたら、それだけで何だか嬉しく、幸福な気分になる。麗《うるわ》しい心の交流といってもいいでしょう。

ところが、そこに水を差すものがあるのです。自分はこれだけのことをしたのだから、相手にも相応のことをしてもらって当然だろうという、いわゆる「見返り」を求める心がそれです。

仕事の上でも、自分が粉骨砕身して取り組んだことで、仕事相手が大きな成果を上げたようなとき、どこかでこんなふうに思ったりする。

「あれだけのことをしてあげたのだから、次はこちらの番だ。相当なお返しをしてもらわなければ、割に合わないな」

ギブ&テイクの精神から、見返りを求めて当然という考え方も一理あるのかもしれませんが、その本来の意味は、与えることだと私は思っています。そして、結果として相手が何かを返してくれたのなら、それをありがたくいただく、ということではないでしょうか？　与えたら、返してくれることを期待して当然、ということではないはずです。

プライベートでも見返りを求める心はときどき顔を覗かせます。恋人の誕生日に奮発して一流レストランを予約し、プレゼントも少々無理をして素敵なものを用意した。楽しく過ごした時間が終わり、一人になったとき、自分の誕生日のことを思い描いてみる。

「来月は自分の誕生日だ。彼（彼女）はどんなプランでお祝いを返してくれるのかな？　今日はフレンチだったから、豪華なイタリアンか、絶品の和食か……。ワクワクするなあ」

しかし、ものごとは期待どおりに運ぶとは限りません。豪華な一夜の〝見返り〟がごくささやかな誕生会になることだってあるのです。そして、「えっ、何これ？ それはないいんじゃないの！」と相手をなじる気持ちが沸々《ふつふつ》と湧いてきてしまう……。

気づいてほしいのは、その見返りを求める心が、楽しかった〝あの夜〟も台なしにしてしまうということです。

「あそこまでしてあげたのに」「するんじゃなかった」「して損した」という気持ちになったら、楽しかったあのひと時は、一転して暗澹《あんたん》たる思い出になってしまうことでしょう。


「無功徳《むくどく》」という禅語があります。その由来となっているのが、禅宗の祖である達磨《だるま》大師と梁《りょう》の武帝との間の次のような問答です。

武帝は仏教に対する造詣も深く、その興隆のために力を尽くした人でした。みずからも仏典を著し、寺院を建立し、修行僧たちにも援助を惜しまなかったことから、仏《ぶっ》心天子《しんてんし》と呼ばれていたほどです。

インドから達磨大師が渡ってきたことを聞いた武帝は、ただちに宮中に招き、問答をしかけます。達磨大師を前にして、武帝はみずからの仏教に対する貢献の数々を語り、こう問いかけます。

「何の功徳か有る」

それほどのことをしてきた私に、さあどんな功徳があるのか、ということですね。

それに対する達磨大師の答えが、先の禅語「**無功徳**」だったのです。

功徳などひとつもありはしない。インドの高僧から何がしかの功徳をたたえる言葉がいただけるものと信じて疑わなかった武帝にとっては意外な言葉、それどころかがっかりする大師の返答だったのでしょう。

達磨大師は武帝の仏教に対する貢献を認めなかったわけではありません。しかし、そのことが功徳に繋がると考えた武帝の心を戒《いまし》めたのです。

どれほど素晴らしいおこないや立派な行為であっても、功徳（見返り）を求めた途端に、その輝きを失ってしまう。そのことをよく知りなさい、功徳など求めてはならない、と大師はいいたかったのです。

私たちも、**仕事に粉骨砕身、労を惜しむことなく取り組むことができた、ということだけでいいのではないでしょうか。**そこで得た充実感は何ものにも代え難いはずです。

全力で取り組んだ仕事であるならば、お得意先の胸にもあなたがした仕事への感謝の思いが広がっています。**自分の充実感が相手の感謝に直接繋がっている。これ以上の〝見返り〟があるでしょうか。**

恋人のために企画した誕生日についても、前もってレストランやプレゼントを選ぶという、心はずむ時間を持てたのではないでしょうか。もちろん、当日は心から楽しめるひと時をともに過ごせたに違いありません。すべてその人がいたからこそ、その人との縁をいただいたからこそ、でしょう。

もはやいわずもがなですね。**縁をいただいたことを、ただ「ありがたい」と受けとっておく。**すると、幸福感がもっと、もっと広がります。

相手の地位や肩書きに唯一振りまわされない方法

人は社会的な存在でもありますから、社会的な肩書きや地位というものが、必ずついてまわります。これに滅法弱い人がいます。

「えっ、あの若さで部長なの？　失礼がないよう注意しなくては……」「彼女のキャリアはすごいね。これから長いおつき合いができたらいいのだけれど……」

相手に対してどうふる舞うか、どうつき合っていくかを、肩書きや地位によって判断してしまう。それも処世術だからという考え方を否定するつもりはありませんが、心の内では「どこかさもしい自分」を感じる人もいるのではないでしょうか。

私は、以前、曹洞宗大本山總持寺の貫首をつとめておられた板橋興宗老師に、こんなふうに尋ねたことがあります。

「日本人はとりわけ肩書きを大事にするように思いますが」

板橋老師の答えはこうでした。

「肩書きか、そうだな、葬儀の際の花輪くらいに思っておけばよいのではないか」

葬儀の際、花輪がズラリと並んでいると、「おお、さぞかし立派な人だったのだろう」と感じたりします。

しかし、**花輪の数がその人の人間性を語るものでないことは、明白です。**肩書きや地位も同じ。板橋老師がいわんとしたのはそこでしょう。さらにいってしまえば、**花輪はせいぜい〝にぎやかし〟みたいなもの**ではないでしょうか。

肩書きも地位もにぎやかし、と受け取ることができれば、生きるのがずいぶんラクになりそうです。専務取締役の肩書きがついていても、理事長とあっても、「これはかなりにぎやかな人だ」という受けとめ方ができる。もちろん、ビジネスに礼節は不可欠ですから、相応の敬意を払うことは必要です。

しかし、肩書きや地位に臆することはなくなります。

本来の人間性を見きわめるために必要なのは、臆することのない心と目です。それがあると、肩書きや地位などに一切こだわっていない人物か、それにあぐらをかいている小物かが見えてきます。

「本当のところはこういう人なのだ」とわかれば、接するときも気持ちに余裕が生まれますね。

禅語の**「本来無一物《ほんらいむいちもつ》」**は、人は何も持たない裸で生まれてきて、何も持たずに逝くということを教えています。肩書きも地位も、生きている間にたまたままとったものに過ぎない。それに振りまわされるなんて、つまらないことだと思いませんか？

みなさんも一定の肩書きや地位が与えられることがあるでしょうし、すでに与えられているという人もいるでしょう。しかし、少々身のまわりがにぎやかになったからといって、それはあくまで〝仮の姿〟なのです。そのことをしっかり腹に据えて、生きてください。

縁の不公平がゆるせないのであれば

仏教ではすべては「縁」によって生じていると考えます。

そのことを示すのが「**諸法無我**《しょほうむが》」という言葉。この世に生を受けたのも縁、いま就いている仕事も、人間関係も、何もかもが縁というわけです。

「それならば、仕事はうまくいっていて、いい人間関係を築いている、という人はよい縁に恵まれていることになるわけですが、自分はまったく逆。どう考えてもよい縁に見放されているとしか思えない……」

そう考える人がいるかもしれません。順風満帆の人生を送っているように見える人とわが身を引き比べ、〝縁の不公平〟〝この世の不条理〟を恨めしいと思ったり、あるいはゆるせないとも感じるのでしょう。しかし、**縁は誰にも等しく訪れるものです。それをつかみ、よい縁にできるかどうかは、日頃の準備にかかっています。**準備とは努力といってもいいですね。「縁」を「チャンス」に置き換えるとわかりやすいかもしれません。

たとえば、仕事で重要なプロジェクトのメンバーに抜擢されるということがあります。そんなチャンスが与えられるのは、運がよくて、恵まれているから、と考えてしまうと思いますが、じつはそうではないのです。

プロジェクトのメンバーの人選をする側は日頃の仕事ぶりを見ています。そこで、「彼はどんな仕事も手を抜かず、コツコツと努力を重ねている。あの堅実な仕事ぶりなら、今回のプロジェクトに加えても、きっといい仕事をしてくれるはずだ」

ということになる。手を抜くことなしに努力を重ねるという準備をしているから、チャンスをものにすることができるのです。準備を怠っている人やちゃらんぽらんに仕事をしている人は、仮にメンバーの候補にあがったとしても、そのチャンスは通り過ぎ、つかむことはできないという結果に終わります。

チャンスは風に似ています。風を得て航海をする船を思い浮かべてみてください。荷を積み終えて（準備を整えて）、風を待っている船は、よい風がきたらすぐにそれをキャッチし、沖に出ることができます。一方、風が来てから慌てて荷を積み始める船は、積み終えたときにはすでに風が去っていて、船出の機会を失ってしまうことになるでしょう。港に留まっていつくるかわからない次の風を待っている間にも、先の船は順調に航行を続けますから、その差はどんどん開いていくことになります。

一度つかんだチャンスは、次のチャンスにも繋がっていきます。先ほどの例でいえば、プロジェクトのメンバーとして役割を果たし、実績を残せば、新たなプロジェクトが立ち上がるときにも、必ずメンバーの候補として白羽の矢が立ちます。チャンスがさらなるチャンスをもたらす。つまり、**よい縁は連鎖をする**のです。

この流れを知ってください。縁に見放されているのではなく、自分が縁をつかみ損ねているだけなのです。その〝事実〟を認めた上で、目を向けるべきは、日々の努力、日頃の準備です。早速それに取りかかりましょう。

厳しい現実は「あきらめる」べき？

ストレス社会といわれて久しく、ストレスのタネは増えるばかりに思える現代では、何かにつけてむかっ腹が立つという人が少なくないかもしれません。悪天候の日の都市部では、それを象徴するかのような光景が見られます。

大雨や台風で交通機関に遅れが出たりすると、血相を変えて駅員さんに詰め寄る人がいる。いうまでもなく、天候が荒れるのは自然現象で誰のせいでもありません。そのための遅れなのですから、駅員さんに何ら落ち度などないわけです。その駅員さんに腹を立てても仕方のないこと、お門違いとしかいいようがありません。

そういう人の心は、ストレスで渇いてしまっているのです。そこで、何かあると、そのうっぷん晴らしをしてしまう。言い返されないことがわかっている駅員さんなどは、その格好の標的になるのでしょう。しかし、そんな形でうっぷん晴らしをしても、後味の悪さが残るだけではないでしょうか。

誰のせいでもないこと、どうしようもないことは、世の中にたくさんあります。

それは「あきらめる」しかないのです。**あきらめるといっても「諦める」のではなく、「明める」です。**これは禅的な受けとめ方でもあります。

つまり、**どうしようもないことは、どうしようもないのだ、と明らかにする。**それが「明める」ということです。いささか禅問答めいていますが、そのことがストンと胸に落ちれば、状況をそのまま受けとめることができます。

「こういうこともあるのだなあ」で済んでしまうわけですから、ゆえなき腹立たしさで心が騒ぐこともありません。

また、日常の人間関係の中でも腹の立つことがあるでしょう。誰にでも相手の言動、心ない言葉やこちらを軽んじているような態度に〝カチン〟とくることがある。

しかし、そこで感情の赴《おもむ》くままに対応してしまったら、その場の空気は過熱する一方になります。よくいう「売り言葉に買い言葉」の状況です。その結果、別れた後もムシャクシャした気分がしばらく続き、次にその相手と会ったときも、気まずさが漂ったりすることになる。

腹立たしさは抑えようとすると、いっそう燃えさかります。**ここは呼吸がお勧めです。**おへその下二寸五分（約七・五センチ）の位置にある「丹田《たんでん》」を意識して、深い腹式呼吸をするのです。この丹田呼吸は坐禅の際に行う呼吸ですが、ポイントは吐き切ること。吐き切れば、吸うことを意識しなくても自然に空気が入ってきます。

カッと頭にのぼりそうになった腹立たしい思いも、丹田呼吸をすることによって、スーッと鎮まっていきます。相手の言動を受け流すことだってできるはずです。こちらが対抗するから、相手の戦闘意欲も掻き立てられるのです。受け流してしまえば、相手としては拍子抜け。暖簾《のれん》に腕押し状態となり、一人でいきり立っている自分が滑稽にも思えてくるはずです。そうなれば、もう勝負ありですね。

ひと呼吸置くという言葉もありますが、腹が立ったときこそ、丹田呼吸をひとつしてください。それが大人の対応のコツです。

片づけられない人でもスッキリ生活は送れます

「片づけたいのに、片づけられない」と頭を抱えている人は少なくないかもしれません。

会社のデスクの上には書類が山のように積まれている、家のキッチンまわりには、いつも食器や調理器具などの洗いものがたまっていて、脱いだコートや洋服もハンガーに掛けられることなく散らかっている。リビングのテーブルには読みかけの雑誌やCD、リモコンが乱雑に置かれている……。

片づけるという行為は、どちらかというと負のイメージです。

たとえば料理をつくるのには労を厭わない人でも、片づけるとなると途端に「面倒くさい！」となってしまうことでしょう。仕事場でも「今日はもう疲れたし、明日もこの続きをやるのだから」となりがちです。しかし、片づけを先送りしたままだと、やがては物が見つからなくなるなど、〝面倒なこと〟に時間を取られることになるでしょう。

しかし、なぜ片づけられないのでしょうか？　それは片づけを「何かをやったあとの処理」と考えるからではないでしょうか。そのため、「事後処理に時間を割くなんて」ということにもなる。

ここは発想の転換をしてみるといいと思います。**片付けを「事後処理」ではなく、「次の行動への準備」と考える**のです。

次の行動を気持ちよくスタートさせるために、心地よい環境をつくっておくのだという前向きな捉え方ですね。すると、嫌々やっていた片づけも、大きく違ったものになってくるはずです。

それでもまだ重い腰があがらないという人は、片づけを極力減らす生活をするという手もあります。使ったものはその都度元の位置に戻す。それを徹底するのです。これなら、片づけは最小限で済むはずです。

禅寺での生活は、まさにこの繰り返しです。

たとえば掃除の場面。掃いて拭く、というのが一連の流れですが、それぞれに必要な道具は全部が終わってからまとめて片づけるということはしません。

箒を出して↓掃いて↓箒を元の位置に戻す。ここまでが終わったらバケツと雑巾を出してきて↓拭く↓元の位置に戻す、というやり方をします。

道具がつねに〝元の位置〟にあれば、次に掃除をする人が探す必要はありませんし、散らかることもないというわけです。

この〝元の位置〟に戻す方式は、デスクまわりでもおおいに力を発揮します。資料などはどうしても積み重なって、どんどんたまる。

その状況を回避するためには、仕分けして〝元の位置〟をつくっておくのです。ペンディングになったもの、これから動くであろうプロジェクトのもの、すでに終わったもの、という具合に分けて、箱でも引き出しでもいいから入れてしまう。箱や引き出しがそれぞれの〝元の位置〟になるわけです。そして、オンゴーイングのものだけをデスクの上に置いておく。

ＰＣのデスクトップも同じです。まとまりなくアイコンをベタベタと並べない。現在進行形のものだけを出しておき、あとはプロジェクトごとにフォルダにまとめておくと画面は格段にスッキリします。

過去のデータが必要になったときも、「そういえば、あのときのプロジェクトで使った資料が、今回応用できるかもしれない。Ａフォルダだったな」と〝元の位置〟から取り出すだけでいい。

ちなみに、私のアトリエでは、金曜日の仕事の後を片づけの時間と決めています。整理をして掃除機をかけて、月曜日に処理するものだけをポンと机の上に置いて帰る。次週の準備ができているわけですから、心おきなくウイークエンドを過ごすことができます。これを全員でやります。

なかなか片づけられない人、片づけが苦手な人でも、工夫次第でスッキリ生活はできるものです、すぐにでも始めてみてください。

すぐに拗ねて相手をゆるせない人の共通点

誰でも自分を認めてもらいたい、肯定してほしいという気持ちを持っています。しかし、その気持ちが過剰になるとちょっと困ったことになります。

たとえば、自分が出した企画が〝ダメ出し〟されたようなとき、「もういいです。それならこの企画は引っ込めます！」という反応をしてしまう。こういう人はすぐに、自分が否定されたのだ、と拗ねてしまっているのです。

しかし、ダメ出しは全否定ではなく、ポイントがズレている、方向性が違う、意図が明確になっていない……など、もう少し「練る」必要があるというアドバイスと捉えるべきだと思います。

すると、「どのあたりに問題がありますか?」「どこを工夫したらよいでしょうか?」と〝ダメ〟の中身を謙虚に聞くことができます。素直に相手の意見に耳を傾ける姿勢になれるといってもいい。それでものごとは一歩前に進みます。様々な意見を得て、企画はさらにブラッシュアップされ、実現に近づいていきます。

拗ねてしまえば、気持ちが縮こまり、ものごとが進むどころかそこから動きがとまります。周囲への反感も心の中にわだかまり、堂々めぐりを繰り返すばかりとなるのです。これでは、練ったら実現したかもしれない企画も、お蔵入りになるのは火を見るよりも明らかです。

もうひとつ、**拗ねる人の気持ちの奥底には、甘えがある**ことも知ってください。拗ねていたら誰かが声をかけてくれる、「いい企画なのに、あの課長、わかってないよね」と同情の声を寄せてもらえる、などとどこかで思っているのです。これは甘え以外の何ものでもありません。

しかし、拗ねやすい人はそのことになかなか気づきません。**拗ねる原因をいつも外**

に見つけようとするからです。わかっていない彼が、理解してくれない彼女が、あんなことをいった上司が、こんなことをしたあいつらが、自分を苦しめる原因をつくったのだ、と考えるわけです。そのくせ自分の甘えは、すっかり見落としている。

もし自分にも当てはまるようなら、外に向けている日を、自分の内に転じてみてください。〝甘ったれ〟の姿が見えてきませんか？　**気づきは自分を変える原動力です。**

甘えている自分を認めたら、心の持ち様が変わってきます。そこで足踏みばかりしていても仕方がない、何とか歩を進めなくてはいけない。すると、「よし、進めよう」という方向に心が切り替わります。拗ねていることのつまらなさが、実感できるといってもいいですね。

中国古典に「**満招損**《まんはそんをまねく》」という言葉があります。満、すなわち驕り高ぶった心は損を招き寄せるという意味です。拗ねる心もまるで同じなのではないでしょうか。**拗ねてよいことなどひとつもありません。**自分の中の〝甘ったれ〟と早々に決別し、心のびやかに日々を過ごしましょう。

物欲にうち克てなくとも大丈夫

ものがあふれ、ものに関する情報、欲しいと思う気持ちを刺激する情報が押し寄せてくるのが現代です。その中に身を置いていれば、ものに心が動くのは必然でしょう。「あれいいなあ」「これ買いたいな」という気持ちが湧いてくるのは仕方のないことかもしれません。

ですから、そこで「いけない、いけない。また、物欲が！」と無理に気持ちを抑えつけようとする必要はない、と私は思っています。

もちろん、仏教的にいえば、欲から離れて生きる、無欲でいるのがいいに決まっています。しかし、現代社会の状況を思えば、それは至難のワザでしょう。

そうであるなら、**何かを欲しいと思う自分を、いったんゆるしてしまえばいいので**

す。その上で、次のアクションを考える。

たとえば、欲しいものを三つに分けて考えたらいかがでしょう。ひとつは「本当に必要なもの」、二つ目は「あったら便利だと思うもの」、そして三つ目は「憧れの対象であるもの」です。

このうち、本当に必要なものは買えばいい。問題は残りの二つです。さあ、どう考えるでしょうか？

「あったら便利」というのは逆にいえば「なくても大丈夫、（生活を）やっていける」ということです。ここは思案のしどころです。後者に重きを置いてよく考えてみてください。

「なくてもやっていけるけれど、もしあったら、いまよりずっと時間を有意義に使える」「暮らしが充実する」「心が豊かになる」など、熟考した後で、そんな結論に達したのなら、買うのも悪くはないでしょう。

よく考えた上で買ったものなら、しばらく使ったものの、あとは収納スペース行き、ということにはならないと思うからです。**ものは使ってはじめて生きてきます**。

仏教ではものにも命があると考えますから、使わないのはその命を活かさないこと、もっといえば蔑《ないがし》ろにしているのと同じです。そのことはしっかり胸に刻んでおいてください。

三つ目については、もう、いうまでもないでしょう。たとえば、テレビ番組の中でタレントさんやモデルさんが着ていて、「わあ、素敵！」と感じた洋服などがそれです。

一瞬、憧れに心がゆれても、それを着る機会は本当にあるでしょうか？　実際、パーティドレスを買ったのにもかかわらず、それにふさわしいパーティに出席する機会は、待てど暮らせどやってこない、といった話も聞きます。衝動買いをして後悔するのが、たいがいこのパターンです。

このように、ものを「三分類」して考えることで、物欲はかなり削ぎ落とされるはずです。野放図のままだと際限がなくなる欲にもブレーキがかかります。

この「削ぎ落とす」というのは、禅の根本でもありますから、それは禅的生き方に近づくことといってもいいでしょう。

物欲を削ぎ落としていくこと、ものへの執着をなくしていくことは、心を解放し、清々《すがすが》しく生きることに直結しています。

日本でもっともよく知られる禅僧の一人である良寛さんは、「五合庵《ごごうあん》」という粗末な庵《いおり》を結んで暮らし、家財道具と呼ばれるものは鉢ひとつだった、といわれます。

その清貧の暮らしぶり、清々しい生き方が、時をこえて、いまも多くの日本人に愛される大きな要因であることは、疑う余地がありません。

物欲の赴くままにものをたくさんそろえる。満たされているようですが、周りにものがあふれている生活は窮屈です。

そして、そういう状態は空間的に窮屈なだけではなく、結局**心も窮屈になっているはずです。**

少しずつでも、心を解き放して、楽に生きてみませんか？

心を楽にする人間の捉え方

人はもともと身勝手なものです。それが如実にあらわれるのが次のようなケースでしょう。仕事で部下がミスを犯した。当然のごとく、厳しく指弾、叱責する。ところが、同じようなミスを自分がしたとなると、「まあ、仕事にミスはつきものだ。ミスも織り込み済みでないと、仕事なんかできないしな」と何とも寛容に受けとめてしまう。

〝自分に甘く、他人に厳しい〟典型的な姿ですが、誰にでも少なからず、そうしたところがあるのではないでしょうか。まったく思いあたるフシなどない、と言い切れる人はそう多くはいないはずです。

江戸時代の儒学者、佐藤一斎《いっさい》が著した『言志四録《げんししろく》』という書物の中に次のような一節があります。

「人に接するに春風駘蕩《しゅんぷうたいとう》のごとく、秋霜烈日《しゅうそうれつじつ》をもって自らをつつしむ」

人に対してはのどかに吹き匂う春風のように穏やかに接し、自分を律するときは秋に立つ寒々とした霜のような、また真夏のはげしく照りつける太陽のような、厳しい心で臨みなさい、という意味です。

現代でも、権力をもって人に刑罰を求める検察官のつけているバッジが、秋霜烈日をモチーフにしたものであることは、よく知られるところ。検察官には何よりもまず自己を強く律する心構えが必要だということでしょう。

理想をいえば、この一節に倣《なら》って、**〝自分に厳しく、他人に甘く（思いやりをもって）〟接するのが人としての望ましいあり方**ということになります。

しかし、そうできないのも、また人なのです。

そこで大事なのは、**人はともすると身勝手にものごとを見たり、考えたり、感じたり、判断したりするものであり、身勝手にふる舞うものであるのだ、ということを忘れないでいることでは**ないでしょうか。そういう自分であることを受け入れておくのが大事だと思います。

「自分はけっして身勝手な人間ではない」などと妄信していると、自分の考えなり、ふる舞いなりを省みることをしなくなります。自分に甘く、他人に厳しいことをしていても、それを疑ってみるということすらしなくなる。

一方、**身勝手にもなりかねない自分を受け入れていれば、何かにつけて省みるという姿勢が生まれます。**冒頭の例でいえば、部下を叱りつけた後、「頭ごなしに叱りつけたのは、少し感情的だったかな。身勝手だったかもしれない」という姿勢になります。

自分のミスについても、「仕事にミスはつきものでまとめてしまうのは身勝手かも。やっぱりミスの原因をきちんと分析しておこう」というところに考えが向かうと思うのです。

省みることで、人としての器が広がりもするし、人間的な厚みも増していく。

そうすることでしか、佐藤一斎の掲げた人間の理想像に近づいていく道はない。私はいつもそう思って人と接しています。

良寛さんに学ぶ、孤独の楽しみ方

人が寂しさを感じるのは、孤独を感じたときかもしれません。人との繋がりの中で生きているのが人間ですから、独りぼっちという感覚は人を不安にさせ、寂しさをもたらしもするのでしょう。

しかし、私は孤独をそう悪いものではないと思っています。もっとはっきりいえば、**独りぼっちでいる自分を寂しいなどとは思わずに、むしろ大事にしてほしいのです。**

私の考える孤独とは、「独り静かな時間」を持つということ。周囲から弾き出された形で独りきりになってしまう「孤立」とは意味あいがまるで違います。

「今日一日が過ぎたけれど、これでよかったのかな？」

「今日はやり残したことがあった。明日は一番にそれをやろう」

「これまでの生き方は間違っていなかっただろうか？」

そんなふうに、**一日を振り返ったり、明日に思いを馳せたり、少しばかり哲学的に来《き》し方を顧みたりすることは、じつは孤独なときにしかできません。しかも、それは人生にとってかなり重要なことだ**という気がします。

第1章でも触れましたが、ＳＮＳで、始終他人と繫がっていないと落ち着かない、それこそ眠る間際までスマホを手放せないといった人は、その人生で重要な作業を怠ってしまっている、といっても決して過言ではないでしょう。

「独坐《どくざ》大雄峰《だいゆうほう》」という禅語があります。百丈慧海《ひゃくじょうえかい》禅師の言葉とされるものですが、「いまこの大自然の中で、自分がここにたった独り坐っていることが、いちばんありがたいのだ」という意味です。孤独の中にありがたさを感じ、幸福感を見出すのが、禅の世界観なのです。

事実、**禅僧が理想とする生き方は、いわゆる隠遁《いんとん》生活です**。独り自然と一体になって、鳥のさえずりを聞き、川のせせらぎに耳を傾け、風のにおいを感じながら坐禅を組む。また一方では田畑で鋤鍬《すきくわ》をふるい、ときに書物をひもとく。そんな暮らしの中に、生きる喜びも楽しさも、充実感も満足感も、一切合切があるとするのが禅的な考え方だといっていいと思います。もちろん、あえて人との繋がりを断つということではありませんが、**人が生きるということの根底に流れているのは「孤独感」なのです。**

出家後、漂泊の旅を続けながらすぐれた和歌を詠んだ西行さんも、孤独に寄り添って生きた人でした。その晩年の歌に次のようなものがあります。

「ねがわくは　花の下にて　春死なむ　そのきさらぎの　望月のころ」

できることならば、（旧暦）二月の満月の光の中、花の下で死にたいものだ、という意味ですが、歌の調べの背後には、独り自然の中で静かに死を迎え、やがては土に還っていくのだという孤独への愛着、あるいは孤独者の矜持《きょうじ》のようなものが見え隠れしていないでしょうか。

孤独であることを怖れたり、孤独でいる自分を責めたりする必要などはありません。

独りぼっちをじっくりかみしめ、ゆるりと楽しんだらいいのです。

〝やる気〟が出ない、そんなときこそ「朝のお参り」

ものごとに積極果敢に取り組む上で欠かせないのが、やる気、元気、勇気です。しかし、それらを持続するのは難しい。朝起きたら、「どうも、今日は何もやる気がしない」という日は誰にでもあるはずですし、しばらくそうした日が続くこともあることでしょう。そんな状態では仕事にも正面から向き合うことができません。「ほどほどでいいや」という斜に構えた姿勢になってしまう。結果はおのずと明らかです。「十」を期待されている仕事も「六〜七」の完成度で終わることでしょう。

もちろん、やる気のない自分は歯がゆくもあり、何とかそこから脱しなければ、とも思っているはず。しかし、「こんな自分はゆるせない」「どうにかしてやる気を出さなくては……」と頭でいくら考えていても、何も始まりはしません。

「禅即実践《ぜんそくじっせん》」という言葉があるくらいで、禅では実践すること、とにかく動くことをもっとも重んじています。まずはできることをやってみるのです。朝決まった時間に起きる、朝食をきちんととる、ゆっくりお茶を飲む——。

気力が充実しているときは自然にできている〝規則正しい生活〟も、やる気を失っているときには乱れがちになります。まずはそこから立て直すのです。

さらに、禅では**「身口意《しんくい》の三業《さんごう》を整えなさい」**と教えます。身は身業、つまりふる舞いや所作のこと、口は口業で言葉遣いのこと、意は意業、すなわち心のあり様のことです。この三つは互いに深くかかわっていて、ふる舞い、所作を整えることで、言葉も整い、心も整っていくのです。

規則正しい生活の実践は、文字どおり身業を整えることですから、そのことで心も整っていき、やがてはやる気も甦ってくるのです。

さらに、**強力なやる気を取り戻す方法としてお勧めしたいのが、「朝のお参り」です。**仏壇があれば、その前で手を合わせ、ご先祖様に「お蔭様で今日も無事に目覚めました。一日頑張って参ります。見守ってください」と心で語りかけるのです。

何ものにもとらわれず、どこにも隠すところがなく、自分の「素《す》」の状態でいることを示す禅語に**「露《ろ》」**というものがあります。不思議なもので、お参りをしているとき、ご先祖様と相対しているとき、人の心は露に、つまりはあらわな状態になっています。朝その時間を持つことは、やる気を持続するとっておきの妙薬といえます。そして、できれば夜寝る前にも手を合わせ、「今日も一日無事に過ごすことができました。ありがとうございます」と報告するといいでしょう。

もっとも、いまは仏壇がある家は少ないかもしれません。もし、仏壇がないのであれば、初詣に出かけたお寺や神社でいただいてきたお札でも、あるいは郷里にいる両親の写真でも構いません。それらを置く小さなスペースをつくって、心をあらわにできる場所にする。ぜひ、実践してみてください。

気をつけるべきは失敗よりも成功⁉

このところよく耳にするのが「心が折れる」という表現です。

その気持ちを実感するのが失敗したときではないでしょうか。仕事でポカをしてしまった、恋愛が破綻した、人間関係がこじれてしまった——。

状況は様々であると思いますが、折れた心にのしかかるのは後悔の念です。

しかも、それがいつまでも尾を引く。

「何であんなことを……」

「あのときこうしていれば……」

思いは千々に乱れ、あんなことをした自分やこうしなかった自分を悔やみ、責めることになるのです。

しかし、**いくら悔やんでも、失敗した過去をやり直すことはできません。**

第一、失敗は人生に何度も起きること、生きていく上での必然でもあります。一度も失敗のない人生などあるわけもない。

お釈迦様も苦行に身を投じるという〝失敗〟の上に、**「中道（苦にも楽にも偏らない生き方）」**という教えを確立されました。

そうであるなら、失敗はいたし方なし、と受けとめた方がいいのです。失敗した自分を責めるのではなく、ゆるして受け入れる。それが失敗と真摯に向き合うスタートになるのだと思います。

失敗を後悔でしか捉えられないのは、結果だけに目が向いているからです。

全体を俯瞰《ふかん》してプロセスにも注目できれば、うまくいっていた流れが方向を変えて失敗に到る分岐点が見えてくるはずです。

そこでの行動の間違いや判断のミスが、失敗を導くことになったわけですね。

「詰めの段階で交渉を急ぎすぎたな。もう少し、時間をかけるべきだった」

「彼との〝いい感じ〟に慣れてしまって、気遣いを忘れていたかもしれない」

「いくら友人だからといって、あの言葉はまずかった」

大事なのはこうした省みる作業です。失敗の原因を明らかにすることで、次の仕事、恋愛、人間関係などにその失敗が活かせるのです。

英国の作家オスカー・ワイルドにこんな言葉があります。

「経験とは、みなが失敗につける名前のことだ」

失敗をよき経験として人生の糧にするには、**プロセスを見つめ直すことが絶対の条件です。**そう考えられれば、後悔をいつまでも引きずっている場合ではありませんね。

もしかすると、より注意が必要なのは失敗より、むしろ成功かもしれません。成功が尾を引くのはもっと始末に悪いことではないでしょうか。いわゆる、過去の栄光に身を持ちくずすということが少なくないからです。

「あれほどの業績を上げた自分が、こんなつまらない仕事ができるか！」

ということになったら、周囲からの総スカンを食らうのは必至。

誰からも相手にされなくなって、仕事に支障をきたすのは時間の問題です。どこにも居場所がなくなるということにだってなりかねません。

成功を自信に繋げるのはいい。しかし、それは内なる秘かな自信であるべきでしょう。周囲に振りかざすようであれば、一時の成功にしがみついていることにほかなりません。

時間は刻々と流れています。成功もその流れに乗って過去に移ろいでいくのです。「成功はいい思い出」くらいに捉えておくのが、成功とのもっとも望ましいつき合い方だという気がします。

ゆめゆめ、成功に足元をすくわれないでいてください。

中途半端な自分を変えたいのなら

「三日坊主」という言葉があります。みなさんご存知のように、その意味は飽きっぽく、長続きしないということですが、これは〝坊主〟の語があることからも推察できるように、仏教から出た言葉です。

禅をはじめ、仏教の修行は非常に厳しいものです。朝はまだ明けやらぬうちから起き、読経や掃除をはじめとする様々なおつとめや作務《さむ》（作業）を、過密なスケジュールでこなさなければなりません。禅宗にはお布施をうけてまわる托鉢や、当然ながら坐禅もあります。

ほぼ唯一の楽しみといえば食事ですが、それも質素そのもので、つねにひもじさに苛《さいな》まれます。そのため、出家をしてみたものの修行に耐えられず、わずか三日で志を断念して還俗《げんぞく》する人がいることから、この言葉は生まれたのです。

三日とはいわないまでも、何に取り組んでも途中で投げ出してしまう人がいます。本人もそんな自分を情けなく感じていることでしょう。

「いつも、いつも、こんな中途半端なことではいけないのだけれど……」

しかし、そうした人の長続きしない主たる原因は、パーソナリティというより、案外別のところにあるのではないか、と私は思っています。

「身の丈」に合っていない、というのがそれです。

身の丈とは自分の力量のことです。たとえば、一念発起して健康のためにジョギングを始めたとします。それまでジョギングなどしたことがない人の走る力量はそう高いものとは思えません。にもかかわらず、「よし、毎朝一〇キロ走るぞ」という目標を掲げたとしたらどうでしょう？　力量と目標との間に大きな乖離《かいり》があるわけですから、必然的に途中で投げ出すことになりませんか？　すなわち目標が身の丈に合っていないのです。これは、一事が万事といえるでしょう。仕事にしても、駆け出し営業パーソンが百戦錬磨の凄腕と五分に渡り合おうとしても、土台勝負にはならない。

早々に勝負を投げ出すことになるのは目に見えています。

「**着眼大局《ちゃくがんたいきょく》、着手小局《ちゃくしゅしょうきょく》**」という言葉があります。将棋界ではじめて三冠王（名人↓王将↓九段）に輝いた棋士、升田幸三さんが好んで色紙などに記した言葉とされていますが、広い視野で大勢を見渡しながら、具体的には足元の小さなことを実践していく、という意味です。これは、**大きな目標を掲げるのはよいが、それを達成するためには、現在の身の丈に合った小さなことを積み重ねていく以外にない、**と解釈することもできると思います。

どんな些細なことでも、身の丈に合ったことを成し遂げることが大切です。そのときの達成感、心地よさが自信になり、身の丈を伸ばすことにつながるのですから。それを繰り返すことにしか、目標に到達する道はありません。

どうぞ、身の丈をしっかり見定めてください。そして、その身の丈で目の前のことに一所懸命取り組んでください。そこには、もう、何ごとも投げ出さないあなたがいるはずですよ。

第3章

実践！「ゆるせない相手」をつつみ込む

手柄を独り占めにする上司がいる

プロジェクトが成功するには、メンバーの一人ひとりが自分の役割をきちんと果たすことが必要です。それがわかっているリーダーはメンバーの労をねぎらうことを忘れませんし、感謝の言葉も惜しまないものです。

ところが、中には「手柄を独占するのがリーダーの特権」「好き勝手やれるのも上の立場ならでは」などと勘違いしている輩《やから》もいます。部下に商談のお膳立てをさせ、自分は最後にちょっと顔を出しただけなのに、まとめたのは自分だと平気でトップに報告する。部下にしてみれば、苦々しい限り。〝ゆるせない上司〟の典型でしょう。

しかし、組織の中では上下関係は絶対ですから、表立って反発するのは難しいでしょうし、陰で文句をいうのもどこか大人げないふる舞いにも思えます。ここは静かにその上司の行く末を想像するのがいちばんです。

汚いマネによる手柄の独占をいつまでも続けられると思いますか？　遠からず、上司から部下が一人、また一人と離れていくことになるのではないでしょうか。人間が一人でできることには限界がありますから、たとえ、その上司にそれなりの力があったとしても、部下が心を合わせて協力しなければ、たいした仕事はできません。

手柄を独占しようにも、その手柄をあげるチャンスがどんどんなくなっていくのです。それだけではありません。部下にそっぽを向かれた上司は惨めです。トップの目からも部下を束ねる能力がないことは明らかですから、上司としての資質が問われ、その座を追われることになる。

これが〝手柄独占上司〟の行く末です。想像するだけで溜飲の下がる思いがしませんか？

「ゆるせない！」という憤《いきどお》りが薄れ、そんな上司も平然と見ていることができるようになるのではないでしょうか。

仏教に「**善因善果**《ぜんいんぜんか》、**悪因悪果**《あくいんあっか》」という言葉があります。よいおこないをしていれば、必ずよい結果がもたらされ、悪いおこないをしていれば、必ずその報いを受けるという意味です。**これは絶対的な「真理」ですから、誰もそこから逃れることはできません。**早晩、間違いなくそうなるのです。

結果がわかっているのですから、手柄を独占した上司がいまはわが世の春をいくら謳歌していようと、感情的になってムシャクシャすることはありません。

「せいぜい、得意になっていてください」と鷹揚《おうよう》に構えていればいいのです。

もう一歩進んで考え、反面教師にするのもいいかもしれません。上司の悪い面を見ながら、「上司になったら、部下に感謝する心を忘れずにいよう」「チームワークの素晴らしさを意識した上司になろう」と胸に刻んでおくのです。ゆるせないと思っていた上司を見て、自分を磨きあげる。これほど痛快なことはないでしょう

嫌でも日々、接することになる相手ですから、文字どおり、格好《かっこう》の生きた〝教材〟です。そう考えたら、その職場は上司に〝恵まれている〟といえなくもない。おおらかにいきましょう。

職場の
ゆるせない相手
○○2

ライバル心剥き出しの困った同僚

会社の中で意識する存在といったら、やはり同期、同僚ということになるのでしょうか。いわゆる「ライバル」関係ですね。もちろん、意識することによって自分のモチベーションを高めたり、頑張るエネルギーにするのは好ましいことですし、それが本来のライバルという存在です。

ところが、中にはライバル心を剥き出しに追ってくる人がいる。たとえば営業の仕事なら、「俺は今月○○台売ったよ。お前は何台だった？　よし、勝った！」といった調子です。そこで負けじと競争心を燃やすのはいい。しかし、相手より成績が上回ったとき、同じように「よし、勝った！」とやってしまったのでは、こちらも相手に引きずられて、ライバル心を剝き出しにしていることになります。

そんな関係が過熱すれば、お互いに相手の失点を期待し、隙あらば足を引っ張ろうとするようにもなっていきます。本来の姿から外れた悪しきライバル関係。心をとげとげしくさせる最たるものがこれなのです。

ライバル心を剝き出しにしてくる相手に対しては、どんなに挑発されても、けっして同じ土俵に上がらないことです。相手に独り相撲を取らせておいて、こちらは自分の土俵をガッチリ固める。自分の成績を誇らしげに吹聴してきても、「ああ、すごいね。よかったじゃないか」とあっさり賛辞を送ってあげるくらいでいいのです。

相手が見たいのはこちらが悔しがる顔、求めているのは掻き乱された心ですから、それですっかりアテが外れる。その状態がたびたび続けば、相手も自分の独り相撲に気づいて、剝き出しのライバル心を引っ込めることになります。

また、相手は売上の数字にこだわるかもしれません。なりふり構わず数字ばかりを上げようとするわけですが、それもひとつのライバル心の表れだと言えるでしょう。

しかし、じつはそこに〝危険〟がある、と私は思っています。縁故やツテを使っているうちはまだいいのですが、それが尽きてしまうと、よからぬ考えが脳裏をかすめるようになるからです。顧客の歓心を買うことばかりを狙ったセールストークをしたり、できもしないアフターケアをチラつかせたり……。

実際、それで商品は売れるかもしれません。しかし、そこから先はありません。「あのセールス、調子のいいことばかりいって、口先だけじゃないか」となり、間違いなく悪評が立つことになるでしょう。

悪事千里を走る、という諺がありますが、これは悪評だって同じこと。数字へのこだわりが、結局、自分のクビを絞めることになるのです。

一方、数字至上主義の土俵に上がらなかったあなたは、自分の土俵をコツコツと踏み固めていくようにすべきです。「つねに誠意をもって顧客に接する」それがこちらの土俵です。相手の話に真剣に耳を傾け、望んでいることを汲み取る。相手の疑問には、都合の悪いことであっても正直に答える。迅速で丁寧なアフターケアを続けていく――。それらが、土俵を踏み固めていくということです。

すると、顧客の信頼が絶大なものになる。その信頼は顧客の友人、知人にも広がっていきます。

「それを買うのだったら、信頼できるセールスがいるから紹介するよ。まかせて安心の人だから、絶対にお勧めだよ」というように、顧客が顧客を呼んでくるという流れが生まれるのです。その差は歴然です。かつてライバル心を剝き出しにしていた相手は、圧倒的に抜きん出て、はるか高いところにいるあなたを、ただ羨望のまなざしで見るしかなくなります。**どんな手練手管《てれんてくだ》であっても、誠意の前にはひとたまりもなくねじ伏せられるものなのです。**

禅にも深く通じていた山岡鉄舟に次のような歌があります。

「まこゝろの　ひとつ心の　こゝろより　萬《よろず》のことは　なり出《いで》にけむ」（真心という、ただひとつの心から、すべての事は始まり、成り立っていくのだな）

さあ、剝き出しにされたライバル心に対抗して、手練手管の人になるか、まこゝろ（誠意）の人になるか、答えはもう決まっていますね。

職場の
ゆるせない相手
００３

挨拶する理由がわからない部下

人と人とのコミュニケーションは挨拶から始まります。ましてや、職場では人間関係を結んで働いているわけですから、それは常識の中の常識といってもいいでしょう。

ところが、最近よくこんな声を聞きます。

「うちの若い社員といったら、ロクに挨拶もしないのだから、まったく何を考えているのか！」

しかし、一方的に若者世代の非常識を責めるのは、少し「酷」ではないでしょうか。若者におもねるつもりは毛頭ありませんが、**彼らは挨拶をしないのではなく、できないのだ、**と私は思っています。

若者世代が育った家庭環境を考えてみてください。時代的に広くもてはやされたのが「友だち親子」という関係です。

子どもにも人権があるのだから、それをきちんと認めよう、という考え方が原点になっているようですが、親が子どもを「ちゃん」づけで呼んだり、子どもが親を呼び捨てにする家庭が、珍しくなくなったのです。

親子がフレンドリーであることそれ自体は、悪いことだとは思いませんが、親には親、子どもには子どもの立場があります。立場はそれぞれ守るべきものでしょう。いまあげたような、けじめを感じさせない呼び方は、お互いが立場を弁《わきま》えていないことのあらわれだ、と私には感じられるのです。

そうした家庭環境では、朝、親に「おはようございます」と挨拶するという、ごく当たり前の家庭内の慣習が、時代錯誤ということになるのでしょう。

挨拶しないで育った人間が、社会に出てからロクに挨拶ができなくても、何の不思議もありません。

だからといって、そんな若者世代を放置しておいていいわけはありません。ただし、ここからひと手間かかります。頭ごなしに、「挨拶くらいしろよ。社会人のイロハだろう」とでも叱れば、返ってくるのは反発です。

相手はけじめのない環境で育ってきた〝筋金入り〟の若者です。

「なんで、年下だからって挨拶しなきゃいけないんですか？上司と部下でも人間としては平等でしょ？」と彼らなりの理屈で対抗してくるはず。

まあ、口に出していうかどうかはともかく、胸の内ではきっとそれに近いことを思っているでしょう。

ここは率先垂範《そっせんすいはん》です。相手は挨拶しないのではなく、できないのですから、こちらから「おはよう」と先に挨拶してしまうのです。

当初はまともな挨拶が返ってこないかもしれません。しかし、ここでも、「挨拶ひとつ返せないのか」というのは野暮。とにかく、こちらから挨拶を続けるのです。

変化は必ずあらわれます。お互い元気がある声で挨拶を交わせば、気持ちがいいものですし、その場の空気も和んだものになります。そのことがだんだん体でわかってくるはずです。

挨拶はするべきものと、彼らが頭でわかっていようがダメなのです。それがもたらす効果を体感してはじめて、その大切さが実感される。

じつは、これは禅の考え方そのものです。

そのことをいっているのが**「冷暖自知《れいだんじち》」**という禅語です。

器の中の水が冷たいのか、温かいのかは、いくら眺めていても、考えていてもわかりません。

しかし、飲んでみればわけもなくそれが判断できる。それが会得するということであり、会得しなければ自分のものにはならないのです。

「挨拶すると気持ちがいいなあ」ロクに挨拶もできなかった若者世代にも、そう感じるときがきっとやってきます。

オフィスの扉を開けたら、「おはようございます」の若々しく元気で大きな声が耳に響く日が遠からず訪れることでしょう。

職場の
ゆるせない相手
004

がまんならない仕事で手抜きばかりの同僚

仕事に対する向き合い方は、人それぞれで違います。そのことはわかっていても、周囲にあまりにも手抜きが目立つ同僚がいると、どこか釈然としない思いになりますね。それが高じると、「いつもいつも、手を抜いてばかりで、がまんできない！」と怒りの感情も湧いてくることでしょう。

しかし、腹が立つのはなぜなのでしょう。それはどこかに、「自分はいつもこんなに真摯に仕事に取り組んでいるのに……」という思いがあるからです。つまり、**自分の〝基準〟で相手の仕事ぶりを測っているわけです。**

別の見方をすれば、自分の流儀を相手に押しつけている、そこまではいかなくても、自分流を相手にも期待している、ということではありませんか?

少し厳しい言い方かもしれませんが、それは期待する方が間違っているのです。

人ができることは、仕事でも人生でも、自分の流儀をまっとうすることだけです。

誰でもそうだと思います。手を抜くのが流儀なら、本人がその流儀を変えようとしない限り、その人はそのやり方をまっとうしていく以外にない。そして、そこで生じる結果を受け取っていくしかないのです。

ぜひ、そのことに気づいてください。すると、相手がどれほど手抜きをしていようと、苛立ったり腹を立てたりすることもなくなり、ただ「自分の流儀とは違うな」と静観していられるはずです。

京都にある「哲学の道」は、日本の思想界の大立者である西田幾多郎博士が通っていたところとして知られていますが、その道から法然院にあがるところに小さな歌碑があり、そこにはこう刻まれています。

「人は人　吾《かれ》はわれ也《なり》　とにかくに　吾行く道を　吾は行くなり」

他人がどうあろうと、どんなふる舞いをしようと、とにかく、自分は自分の道をひたすら行くだけだ、といった意味でしょう。この言葉は、他人のことなどに構っていないで、ただ自分流を貫きなさい、というふうにも受け取れます。

ただ、相手に仕事を指示するとか、依頼する立場になると、相手の手抜きが自分の仕事にも影響してくるわけですから、まかせっきりで静観しているわけにはいきません。面倒でも指示や依頼の内容をこまかく伝える必要があります。

「〇〇日までに必ず仕上げてください。そろえてもらいたい資料はこれとこれ。数字のデータはわかりやすいようにグラフにしておいてください」

といった具合にです。そして、期日までに何度かチェックを入れて、進捗状況を確認することです。

「そこまでしなければいけないのか」と思わずに、こういったケースでは相手に〝手を抜かせない〟のも自分の仕事の範囲である、と考えたらいいと思います。

信頼関係無視の損得勘定のみで動く取引先

ビジネスの世界では利益をあげることが最優先されます。もちろん、それだけではないという議論もいろいろあるとは思いますが、少なくとも、利益を追求しないビジネスなどはありません。利益を追求する限り、そこには損得勘定というものが働く。それは誰もが認めるところでしょう。しかし、損得勘定のみで動くということになると、これはおおいに問題あり、という気がします。

仕事では大勢の人とかかわりを持ちますから、中にはそんな人がいないとも限りません。何度も打ち合わせを重ねて、詰めの段階にまできていた仕事なのに、ほかに有利な条件を提示する会社が出てきたら、平気でそちらに乗り換える。自分が得にならないと判断した仕事は、長いつき合いの間柄でも、いくら頼み込んでも、けっして応じない……。

こんな取引先がいたとしたら、到底信頼感をもって仕事することは無理ですね。仕事は縁によってもたらされるものですから、本来なら、自分の手元に来た仕事は何がなんでも最後までやり切るというのがその縁に応えることですし、仕事に携わる以上、そのくらいの気概はあってしかるべきでしょう。

もっとも、そんな正論をぶつけても、信義に反すると訴えても、損得勘定しか頭にない人は、聞く耳を持っていないというのが通り相場でしょう。仕事関係者であれば、ただちにつき合いを絶つこともできないと思いますから、もしそんな相手と仕事をする場合には、第三者に介在してもらうという方策を講じるのがいいかもしれません。

一対一ではいつ何時前言を翻すかわからないような人でも、第三者が入っていれば、そうはいかなくなります。たとえば、自社の上司の承諾を得た上で、「次回の打ち合わせには弊社の上司が同席させていただきたいと申しております。そこで、できましたら御社の○○部長にもお出ましいただけないでしょうか?」

そんなふうに持ちかけるのです。こちらが上司をともなうのであれば、先方も同格の上司を同席させるのがビジネスの通例です。二人の〝お目付役〟の前で口にしたことは、相手もさすがに簡単に翻すというわけにはいかないでしょう。

少々、煩わしい方法ですが、そうたびたび用いる必要はないはずです。取引先から信頼されない仕事のやり方をしていることは、ときを待たず周囲の知るところとなります。相手の上司がそれを知ったら、「そんな人間にわが社の看板を背負わせておくわけにはいかない」ということになるのは必定です。

放っておいてもいずれ関係は絶たれます。こちらは、ただ距離を置いて見ていればいいだけです。心得ておいていただきたいのは、**信頼できないからといって、それをあちこちでいいふらすようなことはしないということ**。

次のような言葉があります。

「君子交わりを絶つも悪声出さず」つき合いを絶ったあとも、その人の悪口をいわないのが立派な人間というものだ、という意味です。ぜひ、君子に学んでください。

通勤時の
ゆるせない相手
〇〇１

毎日が一触即発！車内で身体を当ててくる人

日本のビジネスパーソンの通勤ラッシュは過酷のひと言です。ギュウギュウ詰めの車内で一時間以上、ほとんど身動きも取れない状態が続くのですから、通勤地獄の名前が生まれたのも頷《うなず》けます。

その間のストレスは想像を超えるものでしょう。ちょっと身体の位置を変えた拍子に肩がぶつかったという理由で、もめごとになるケースも少なくない。それがエスカレートして、喧嘩が始まり、けが人が出るといったことも、ままあるようです。

時代のストレスも影響して、乗客の気持ちに余裕がないのでしょう。

その結果、「自分が、自分が」ということになる。我欲ばかりが先に立っているわけです。降りるときも「降ります。お願いします」とひと言いえば、周囲はよけて道を空けてくれるのに、ただ強引に降りようとする人が最近は目立ちます。〝自分が降りる〟それだけしか考えない。これも余裕のなさ、我欲のあらわれといっていいでしょう。

仏教に「**利他行**《りたぎょう》」という言葉があります。他を利するおこない、他人のために心配りのある行動を取ることです。日本を代表する経営者である稲盛和夫さんは、人生や仕事で心がけるべき重要な項目として「**六つの精進**」をあげています。

一、誰にも負けない努力をする
二、謙虚にして驕らず
三、反省のある毎日を送る
四、生きていることに感謝する
五、善行、利他行を積む
六、感性的な悩みをしない

というのがそれです。仏教への造詣が深く、みずからも禅寺で出家得度を受けた稲盛さんらしく、ここにも利他行の大切さが説かれています。**我欲を抑え込むのに利他行の実践ほど効果的なものはありません。**

狭いスペースしかない車内でも、まず他人のことを配慮すれば、少しは〝居心地〟がよくなるはずです。重そうな荷物を持っている人に、「網棚にお乗せしましょうか？」といったり、よろけそうになっている人に、「こちらの吊革をどうぞ」と吊革を譲ったとしたら、周囲の空気がずいぶんやわらかくなると思います。

たとえ窮屈でも、やわらかい空気が漂っていれば、一触即発の事態になるということはありません。もし、それでも身体を当ててくる人がいたら、「何やってるんだ！」というのではなく、こちらから、「大丈夫ですか？」「お怪我はありませんか？」と**あえてやさしい声をかけてみる**のです。

非は相手にあるにもかかわらず、こちらがそう対応したならば、相手も自分のふる舞いを恥じることになるはずです。それ以上不穏な空気が流れることはない。心がささくれ立ちそうな場面でこそ、ぜひ利他行を実行してみてください。

イライラさせられっぱなし！ 言葉遣いがぞんざいな相手

言葉遣いは、育った環境や囲まれている人びととのやりとりの中で、身についていくものです。べらんめえ調が飛び交う下町で育てば、イキがいい言葉遣いになりますし、周囲がやわらかな言葉を使う地域で育ったら、自然におっとりした言葉遣いをするようになる。もちろん、どちらがよくてどちらが悪いということではありません。「てやんでぇ、すっとこどっこいが！」といった台詞も、聞く場所や状況、たとえば祭のときに耳にすれば、何とも威勢がよく、小気味よい響きになります。

しかし、場所柄を弁《わきま》えない言葉のぞんざいさは、聞いていて気持ちのよいものではありません。

「こういう場所では、もう少し別の言い方があると思うけど」と、相手の言葉が感情を逆なでするものであったら、コミュニケーションどころではなくなります。

思わず、「その言葉遣い、何とかならない？」といいたくなりそうなところですが、人は少しでも上から目線で諭されると反感を覚えるもの。〝逆ギレ〟しないとも限りません。ここは、こちらが丁寧な美しい言葉遣いを意識する、というのがもっとも有効な方法でしょう。

よくありがちなシチュエーションで考えてみましょう。恋人とレストランで食事をしているとき、彼がお店のスタッフにぞんざいな口をきいたとします。

「ねぇ、まだぁ？　パスタひとつつくるのに、どんだけ時間かかってんの！」

しばし待たされたあと、注文の料理がきたら、今度は、「まったく、遅いなっ！」と声を荒げたとする。

しかし、そこであなたがスタッフに、

「ありがとうございます。いい香りですね。とてもおいしそう」

と感謝の言葉で対応したら、彼はドキリとすると思いませんか？
「俺って、まずかった？」と、心のどこかにそんな思いを抱くのではないでしょうか。その場にふさわしくない言葉のぞんざいさにようやく気づく。その後、急に言葉数が少なくなった彼は、心の中で「もう少し、言葉遣いに注意しなきゃいけないのかな」との思いをかみしめていることでしょう。

とりわけ公共の場所では、丁寧な、美しい言葉遣いが、その場の空気を和ませ、みんなの居心地をよいものにします。ふだん言葉遣いがぞんざいな人にも、間違いなくそれは伝わります。そのこと以上に効く〝お灸〟はありません。

「**薫習**《くんじゅう》」という禅語があります。衣服の隙間によい香りのお香を添えておくと、いつの間にかその芳香が衣服に染みている、というのがそのままの意味。そこから、よい師匠についていると、その立ち居ふる舞い、言葉遣いから考え方や価値観まで自分の身についていく、ということをこの禅語は教えています。ぞんざいな言葉遣いも、丁寧で美しい言葉遣いに繰り返し触れていれば、自然とあらたまっていくはずです。

プライベートの
ゆるせない相手
002

心が痛くなる平気で嘘をつく恋人の存在

プライベートな人間関係で、いちばん心が痛いと感じるのは、嘘をつかれたときではないでしょうか。とりわけ恋人や親しい友人の嘘は、心にグサリときますね。

しかし、哀しいことですが、嘘をつくことが当たり前になっている人というのは実際にいるものです。

いったん嘘をつくと、その辻褄を合わせるために、また嘘をつかざるを得ないことになる。嘘で嘘を上塗りしていくわけですが、それを繰り返しているうちに、虚言癖が身についてしまうのでしょう。

ドイツの哲学者フリードリッヒ・ニーチェの言葉に次のようなものがあります。

「自分を信じない者は、必ず嘘をつく」

自分を信じられないことほど、寂しいことはありません。ニーチェのいうように、嘘がその寂しさの証であれば、嘘をつかれたことの心の痛みも幾ばくかは軽くなる気がしませんか？

「嘘なんかつきやがって！」ではなく、「そこまで寂しい人なんだ」という受けとめ方ができないでしょうか。

もちろん、相手の嘘でたびたび迷惑を被るようなら、つき合いを考え直すべきでしょう。親しい間柄なら、苦言を呈してみることは必要かもしれませんが、それを受け入れてくれなければ、いずれそのつき合いは破綻します。相手の〝寂しさ〟にそう振りまわされてもいられませんから。ただし、嘘には別の種類もあります。

お釈迦様には、次のようなエピソードが伝わっています。

インドのある村にキサーゴータミーという女性がいました。彼女は赤子を亡くし、その悲しみを受け入れられずにいたのです。息絶えたわが子を抱きながら、会う人ごとに「この子を生き返らせて！」と哀願しますが、その願いがかなうはずはありません。そんな彼女を見かねた村人が、お釈迦様に助けを求めます。お釈迦様は彼女にこう伝えます。

「よいか、この村の家をまわって、芥子《からし》の実をもらってきなさい。ただし、これまでに一度も死人を出したことがない家の芥子の実でなければいけない。そうしたら、赤子を生き返らせてあげよう」

彼女は必死になって、家々を訪ね、芥子の実を探します。しかし、一人も死人を出したことがない家などあるわけもなく、どの家からも芥子の実をもらうことはできませんでした。そこで彼女は気づくのです。愛する者を失った悲しみは、けっして自分一人だけのものではない。これまで誰もが味わってきた悲しみだったのだ、ということに。

彼女の悲しみの気持ちは、わが子の死を受け入れ、悲しみを乗り越えて生きていこう、というものに変わります。そしてお釈迦様の弟子になったのです。

赤子を生き返らせるというのはお釈迦様の「嘘」です。しかし、それはキサーゴータミーに、生を受けた者は必ず滅するのだ、という真理を説くための嘘でした。**まさに方便（衆生を導くための便宜的な方法）としての嘘です。**

嘘といってもこうした方便は種類がまるで違うと思います。

そうした嘘、つまり「ゆるされる嘘」というのは、現代でもついていいのではないでしょうか。たとえば相手を思いやってつく嘘。最近では、がんの告知を本人にするケースが増えてきていますが、治癒の可能性や余命については、周囲が知っていても本人には真相を隠すことがあります。

本人が心穏やかに、もしくは心を強く持って病気と闘うためという思いからの嘘であれば、通常のものとは明らかに違います。真実でないことは嘘であり、嘘はいけない、という単純な図式は、必ずしも成り立ちません。

そこのところを見きわめることが大切です。それが自分の都合でついている嘘か、他人を思うことからの嘘か。正しく見きわめれば、嘘に惑わされたり、心を痛めたりすることはなくなると思います。

プライベートの
ゆるせない相手
003

虚しさを覚えるだけの愛情を感じない相手との関係

恋愛にとっていちばん大切なものは何か？　その問いに対する答えは、おおよそ、いやほとんど確実に予想できます。「相手への愛情」がそれに当たると思います。さて、現実の恋愛はどうでしょう。どれもがこの〝大前提〟に支えられているでしょうか。当然、想像することしかできませんが、現実はかなり危ういのではないか、という気がします。相手に愛情を感じないままにつき合いを続けている、というケースが少なからずあるのではないでしょうか。もちろん、愛情の形も、伝え方や、感じ方は、人それぞれですから、愛情のあるなしの判定は難しいでしょう。

しかしながら、つき合っていることで、お互いが成長できる、またささやかでも幸せをかみしめられる、そんな関係にこそ愛情があると私は思っています。誰かを愛することが成長を促すのは間違いないところですし、幸せを感じ、それによってまろやかな人格や心をつくり上げていくのに、愛情は不可欠だとも思うからです。

また、人は誰かを愛することでより一層やさしくなれると思います。そうしたやさしさは、心の〝研磨剤〟と呼べるでしょう。それが心をまろやかにしてくれるのです。

自分が成長しているという実感も持てず、相手が成長しているとも思えない。また、心がまろやかになるどころか、むしろ、とげとげしくなっている。そんな関係であったら、そこに愛情はないということなのではないかと思います。その状態では、つき合いを続けていてもお互い虚しくなるばかりでしょう。

禅語に「**感応道交**《かんのうどうこう》」という言葉があります。本来は、救済を求める衆生、すなわち、人びとの心と救済せんとする菩薩の心が通じ合ってひとつになる、という意味です。

もちろん、恋愛している人同士だからといって、心が通い合ってピタリとひとつに重なり合うということはそうはないと思います。しかし、どこかに重なり合う部分がある。それは価値観を共有している、趣味が一致している、ものの見方や考え方が似ている……ということかもしれません。重なっている部分が六、七割ぐらいあれば、理想に近い恋愛でしょうし、それならば愛情もさらに育まれ、より深まっていくことと思います。

逆に、重なり合う部分がなくなってしまえば、もしくは重なっていると感じたのは単なる錯覚だったとすれば、深まるのは虚しさばかり。この場合は、早々に見極めて、別の道を歩くのがいい。そんなふうに思います。惰性やがまんでつき合いを続けるのは、妄想にとらわれているということでもあります。もはや消えてしまった恋愛というものにしがみついている姿といってもいいでしょう。

「莫妄想《まくもうぞう》」という禅語があります。妄想することなかれ、とこの言葉は教えています。妄想から抜け出し、本来の自分に復っていくという意味ですが、いったん仕切り直しをして、自分を見つめ直し、新しい恋を始めるのもいいものではないでしょうか。

どう動かせばいい？ 家事をやらないパートナー

いまは夫婦で家事を分担しているという家庭も少なくないと思いますから、家事といっても必ずしも妻にばかり負担がかかるというものではないでしょう。しかし、家事が苦手という人には、その分担ですら重荷になるのではないでしょうか。

テレビ番組などでときどきゴミ屋敷に住む人が紹介されますが、〝片づけられない症候群〟という「病」は現実にあるようです。もっとも、単に家事、たとえば掃除が苦手という人は、病で掃除ができないのではなく、それまでの生活の中で掃除をする習慣が身についていない、ということなのではないかと思いますが。

ですから「たまには掃除くらいしたらどうなの？」「掃除くらいしてくれよ！」と強くいっても効果は薄いはずです。そういう人は叱咤されても、懇願されても、なかなか取りかかれないのです。その場合は、掃除を習慣化させる以外に手はありません。

ところで、**禅では日常生活のふる舞いのすべて、すなわち行住坐臥《ぎょうじゅうざが》の一切が修行とされている**ことを知っていますか？　中でも**掃除はきわめて重要なもの**と位置づけられています。それを示すのが**「一掃除、二信心」**という言葉です。修行をする者にとって信仰心はもっとも基本になるものですが、それより優先されるものとして掃除があるのだ、ということをこの言葉は語っています。

しかし、それはどうしてでしょう？　掃除は、ただ単にその場所を掃いて綺麗にする、拭いて磨き上げるという作業というわけではないのです。**掃き清めるのも、磨くのも、結局みずからの心であると禅では考えます。**掃除に打ち込むことによって、心の塵を払い、埃を落とし、さらに磨いて、心をピカピカにする。それが禅の掃除です。それだけに、一心に取り組まなければいけない修行とされているのです。

実際、心を込めて掃除をしたあとの気分は爽快です。気持ちがいいなあ、清々しいなあ、と感じるはず。心の塵や埃が取り除かれたから、その心地よさがもたらされたのです。もう気づかれたと思いますが、**掃除を習慣化するためのキーワードが「心地よさ」です**。掃除が苦手な人も、掃除をすることの心地よさを体感したら、苦手意識は吹き飛びます。しないではいられなくなるといってもいいですね。ですから、掃除をしない相手にはその心地よさに誘《いざな》う働きかけをするのです。朝起きたら、

「食事の前にテーブルの上を片づけよう。一緒にさっとやってしまおうよ」

というふうに、片づけに共同作業で臨むよう誘ってみる。目の前で片づけを始めた姿を見れば、名うての〝ものぐさ〟も、腕組みをして眺めているわけにはいかなくなります。共同作業作戦は奏功。そこでだめ押しです。

「綺麗になったテーブルで食べると、気持ちがいいし、食事も一段とおいしいね」

そんなひとことをポツリ。気持ちは相手も同じはず。つまり、心地よさを体感させるのです。何度か共同作業を繰り返すと、心地よさは確実に刷り込まれます。あなたが目覚めたら、すでにテーブルを磨き上げている妻（夫）がいる。そうした朝の光景を見られるのも、もうすぐです。

親族の
ゆるせない相手
〇〇1

長い間亀裂が入ったままの親との関係

肉親の情愛は特別なものです。しかし、「可愛さ余って憎さ百倍」という諺もあるように、情愛が深いだけに、いったんその関係がこじれると、修復が難しくなることもたしかです。ちょっとした感情のぶつかり合いで、あるいは、気持ちのすれ違いで親子関係に亀裂が入るというケースも少なくないのかもしれません。

加えて実家が地方にあって、首都圏で生活している場合には、何年も郷里に帰らず、親とも顔を合わせていない、ということもあるのではないでしょうか。音信不通の状態になり、それが続いてしまう。

どのようなことがあって亀裂が生まれたにしろ、親と子の繋がりは絶対です。親がいなければ、子は命をいただいてこの世に存在することはなかったわけですから。親に対する様々な思いはあっても、その一事に思いを馳せれば、親子が何ものにも代えがたい強い縁で結ばれていることがわかると思います。

道元禅師は『典座教訓《てんぞきょうくん》』の中で、典座《てんぞ》（食事を司る役）が心得ておくべきものとして**「三心」**をあげています。**喜心、老心、大心がその三つ。**喜心とはこの世に生を受けて、いま自分があることをありがたいと思う心、老心は親が子どもを気遣うように、自分のことはさておいて、子ども（相手）のために何かをしたいと思う心、大心は大山のようにどっしりとした、大海のように悠然たる構えで、何ものにもとらわれない心のことを指します。老心、すなわち「親心」は、ひたすら子どもを思う気持ちともいえます。その気持ちがときの流れの中で変化することだってあるはずです。しかし、**その原点に親心があることはずっと変わらないと思います。**

いま、親子の関係がよくない状態だとしても、ちょっとした働きかけで、そうした原点の思いは甦るはずです。温泉旅行に行くことをきっかけにしようとか、高価なプレゼントを贈ってみようといった、大げさなことでなくていいのです。

たとえば、親の誕生日に「元気？　いくつになった？」と電話をする、出張先からその土地のちょっとした名産品を送る、といった他愛のないことでも、原点の気持ちを覆っていた靄《もや》は晴れていくものです。もちろん、実家にふらりと顔を出すことでも構いません。

「もう、親も歳だし、このままじゃいけないな……」と考えているだけでは、亀裂が埋まることはありません。繰り返しになりますが、**禅では実践を重んじます**。それこそ、ひと声かけることがきっかけになるのです。

最初はお互いぎこちない対応でも、頻度を重ねれば、わだかまりは確実に氷解していくでしょう。**生まれた子どもをはじめて抱きしめた瞬間の感動が、親から消えることはありませんし、子どもにしても、親に抱かれたときの安心感を忘れることもありません。**親子の心の底には「絆」という流れが行き交っています。その水脈が枯れることはないのです。

第４章

ケースに学ぶ人をゆるす「心」の育て方

やわらかい心を育てる
Q-1

無礼な人間とやり取りしても動じない方法はありますか？

相対していて腹に据えかねる思いになるのは、「無礼千万」な人間でしょう。自分が偉いと思っているのか、正しいと信じて疑わないのか、わずかなやり取りの間にも心が波立ってくるという種類の人間はどこにでもいると思います。

しかし、**相手の態度がどれほど無礼であっても、それに〝呼応〟するべきではありません。**

第2章の項目でお話ししましたが、「ゆるせない」と思ったときは丹田呼吸です。息をしっかり丹田まで落とす呼吸を二、三回行う。これで相手のペースにのらない態勢が整います。無礼なものの言い方も、態度も、心に引っかかることなく、スルリとすり抜けていくのです。相手の〝意気〟をそぐにはこれがいちばんです。

たとえば隣近所とのおつき合いの中でも、失礼だな、と感じることがあるかもしれません。いきなりのクレームなどがまさにそれでしょう。

「お宅の庭の木の葉が繁って、うちの日当たりが悪くなっているじゃないの！」

わが庭の葉によって、少々、隣家の日当たりが悪くなっているのが事実であるにしろ、これはあまりに無礼でしょう。軒を並べて暮らしている間柄なのですから、少し言い方を考えるのが常識というものです。しかし、ここで、「じゃあ、いつから、どのくらい日当たりが悪くなったのか、ちゃんとした証拠を出してもらいましょうか」と応戦してしまったのでは、事はこじれるばかりです。出鼻をくじき、ペースにのらない対応が求められます。これが上手だったのが、以前、私の寺にいた和尚です。その和尚の〝やり方〟で、このケースをシミュレートしてみましょう。

「日当たりが悪くなった？　そうですか。それは大変ですね。ご不自由ですか？　お察しします……」このフレーズの繰り返しでクレームに応じていました。構造的には、

相手の言い分を〝そうですか〟で認め、〝大変ですね〟と相手の立場に立ち（禅ではこれを〝同事〟といいます）、〝お察しします〟で共感を示すという方法です。

無礼な言動をとる相手に対しては、じつはこれに勝る対応はありません。相手のテンションはだんだん下がり、最終的には、

「ご近所同士ですしね。よければ、うちの方で少し葉を切らせていただけたら……」

という具合に決着します。認知、同事、共感の三構造をどうぞ忘れないでください。

三つの話法構造で対応する

無欲な心を
育てる
Q-2

どうしたら無欲恬淡な人になれますか？

「あの人はなんて欲のない人なんだ。あんなふうに生きられたら……」

欲に振りまわされることなく、日々淡々と過ごすことができたら、どんなに楽だろう。そう感じている人はかなり多いのではないでしょうか。しかし、これは無理な話。生きている限り、人間は「欲」と無縁ではいられません。

たとえば、食欲。お腹が空いたら誰でも「食べたい！」となります。夜更かしをすれば「眠い！」と睡眠欲が湧き上がってくる。生命を維持するためですから、そうした欲があることとは、それこそ生きていく上で必然といえます。

そうした本能に根ざした欲は除いたとしても、欲を持たないでいることは、難しいものです。少なからず、あれもこれも欲しいと思うのが人間。バッグが欲しい、靴が欲しいなどの物欲、お金への金銭欲、仕事で成果をあげたい、いい地位に就きたいという名誉欲、ほかにも周囲から信頼される人間になりたい、いつも人の輪の中心にいたい……などなど、「欲」というのは、本当に多彩な顔を持っています。

人それぞれで抱く欲は違いますが、共通した傾向もあるように思います。**いったん欲にとりつかれると、「もっと、もっと」と思うようになるというのがそれ。**ひとつ欲望が満たされると、次の欲望へ、さらに別の欲求へと、「欲」は際限なく広がっていき、どこまでいっても、満足することができなくなるのです。

「そうはいっても、いい仕事がしたいという欲を持つことは、すなわち上昇志向があるということではないか？」そう思う人もいることでしょう。もちろん、欲を持つことが上昇志向に繋がっていることは否定しません。ただし、自分の中の欲と向き合うときに、知っておいてほしいことがあります。それは、**足るを知る（「知足」）、ということです。**「もう、これで十分じゃないか」という気持ちを持つと、「もっと」という多欲が抑えられ、「これだけでありがたい」というように気持ちが変わってくるのです。

お釈迦様は「少欲」「知足」について、ご臨終前の最後の教えとされる『仏遺教経《ぶつゆいきょうぎょう》』の中でこう語られています。

「多欲の人は利を求むること多きがゆえに、苦悩もまた多し。少欲の人は無求無欲なればすなわちこの患いなし。ただ少欲すらなおまさに修習すべし」（少欲）

「知足の人は地上に臥すといえども、なお安楽なりとす。不知足の者は、天堂に処すといえどもまた意にかなわず。不知足の者は富めりといえどもしかも貧し」（知足）

おおよその意味は、それぞれ次のようなことです。

多欲の人は利を得ることばかり考えているので、苦しみ、悩むことも多い。少欲の人は求めることも、欲することもしないので、その心配がない。少欲を学ぶことが大事なのである。

足ることを知っている人は、地面の上に寝転がるような生活をしていても、満足というものを知っているから心安らかでいられる。足ることを知らない者は、たとえ御殿のようなところに住んでいても、満たされるということがない。不知足の者は、裕福であっても心は貧しい。

何かを一所懸命やっていれば、結果は必ずついてきます。**その結果を、「ありがたい。もう十分」と受けとめてみるのです。そこに、「少欲」「知足」の原点があります。**何に対しても、「もう十分」と考えられるようになる。

禅的な生き方の基本も、じつはそこにあるのです。

さあ、「知足」を心がけ、心をいまより軽く、そして豊かにしてください。

「いつも「もう十分」の心持ちで生きる」

自由な心を育てる Q-3

どうすれば〝当たり前のこと〟が素晴らしいと気づけるのですか？

春になると花々が咲きそろいます。秋には木々が色とりどりの葉で飾られます。

「そんなこと、当たり前ですよね」そう思うでしょうか？

道元禅師が詠まれた次のような歌があります。

春は花
夏ほととぎす
秋は月
冬雪さえて冷《すず》しかりけり

日本の四季を単に詠《うた》ったものといえば、そのとおりなのですが、ここにはときの移ろいがもたらす、四季折々の美しい風情がみごとに織り込まれています。私たちもその移ろいの中で生かされている、そんなことを感じさせてくれます。

「諸行無常」という言葉を聞いたことがあると思います。『平家物語』の冒頭に、「祇園精舎の鐘の声、諸行無常の響きあり」という形で出てくる言葉ですが、すべてのものは一瞬たりともとどまっていない、つねに移ろいでいるのだ、という意味です。そうした移ろいでいるという感覚、無常観を、日頃から持つことが大切です。

すると、当たり前に花が咲くことが素晴らしいと思えてきます。つぼみが花開くという移ろいの中に、自分もいられるのだというありがたさが、感じられるのです。

「ああ、花々の馥郁《ふくいく》たる香りの中にいられるのは、自分の命も移ろいでいるからだ」

命が移ろいでいるのは、生かされているからです。滅してしまえば、命はもう移ろいません。花の移ろいは、〝当たり前〟のことではなく、生かされている自分を実感させてくれるものなのです。これは素晴らしいことと思いませんか？

そうした感覚を持っていると、鳥のさえずりにも、風のそよぎにも、川のせせらぎにも感動できるようになります。**大自然と一体になって生きられるといってもいいでしょう。**たとえば、坐禅はまさしく自然と一体になる修行です。つまり、無常観を持つことで、禅が求める融通無碍《ゆうずうむげ》の心、とらわれることなく、しばられることもない、まったく自由な心をもって生きられるようになるのです。

さらに、**命が移ろいでいるという感覚は、瞬間を大切に生きるという思いにも繋がります。**そう考えたら、わずかな時間でも精いっぱいに生きなければならない、ということになるはずです。

移ろいの感覚をもてば日々の大切さに気づける

自由と好き勝手は、どこが違うのでしょうか？

自由に生きたいというのは誰にも共通する思いですし、人間として根源的な願いといってもいいでしょう。しかし、そこで欠かせない条件があります。**自由には責任がともなうものだということ。**それはしっかり押さえておくべきことではないでしょうか。

自由にふる舞うのも、自由に生きるのも、結構なことです。しかし、そのふる舞い、生き方には責任を持たなければいけない。自由の権利ばかりを主張して、責任をそっちのけにしたのでは、やりたい放題、野放図になってしまいます。

第二次世界大戦後、米国の占領下にあった日本に、自由と民主主義がもたらされました。当然ながら、それは米国型のものでした。自由についていえば、多民族国家である米国のそれは、個人の権利を主張するということに重きが置かれています。

伝統も、文化も、慣習も、価値観も、何もかもが違う民族の集合体である米国では、個人の権利を主張しなければ押し流されてしまいます。

「いわなくても、わかってくれるだろう」ということは通用しないのです。

戦後、日本もその米国型の自由に傾いていきます。とくに昭和五〇年代頃からそうした風潮が、人びとの間に広く定着していったのではないでしょうか。

それと反比例するように、自由にともなう責任の方は、後方に追いやられてしまったように感じられます。

しかし、**じつはそうした米国型自由は日本にそぐわない**。私はそう思っています。

たとえば、現代日本ではよく次のような光景を目にします。電車の中で、おもむろに化粧道具を取り出してメイクを始める。それが終わると、今度は食べものを頬ばる。周囲には眉をひそめている人がいます。しかし、その本人には言い分があるのです。

「何も他人の席を占領しているわけではないのだから、お化粧をしようと、お弁当を食べようと、それは私の勝手。それくらいは自由でしょ？」

というわけです。その主張に同意する人もいることでしょう。

しかし、心地よくない、不快に感じる、見たくないものを見せられている気がする、という人がいることも、また、たしかなことです。その人たちへの心配りができないのは、自由を求めて責任を忘れていることだ、といったら強弁になるでしょうか。

自由には美しい自由と、美しくない自由がある。私はそう考えています。日本は前者を大切にするお国柄だったはずですし、日本人は常識としてそれを弁《わきま》えている民族だったはず。みなさん、そんな美しい日本を、日本人の心を、ぜひ取り戻しませんか。

「本当の自由、美しい自由は責任をともなうものである」

強い心を育てる
Q-5

立ちはだかっている壁の乗り越え方を教えてください

人生では何度も、何度も、壁にぶつかります。その壁を乗り越えることで、それまで見えなかったものが見えてきたり、わからなかったことがふっと腑に落ちたりするものです。それが人として成長していくということでしょう。壁の前で尻込みしたり、立ちすくんだり、うずくまっているならば、そこに成長はありません。

どう壁に挑んだらいいのかは、悩ましいところかもしれません。しかし、ヘタな考え休むに似たりです。**いくら考えていても、一気に壁を乗り越えるような方法などないのです。まず一歩進んで、とにかく行動する。それしかありません。**

仕事のプロジェクトの進行中などでも、問題が生じることがあると思います。そんなときは連日ミーティングを開いて対策を話し合っていても、プロジェクトは前に進みません。具体的な行動が問題解決への道を開くからです。

過去のデータを徹底的に検証する、その分野の知識を持っている専門家に足を運んで話を聞く、問題解決に繋がりそうなことは、とにかく何でもやってみる。

石でせき止められた水の流れは、その石を取り除くことでしか、ふたたび流れ始めません。石を取り除くという行動が、停滞状況を打ち破るのです。

こんな禅語があります。

「三級《さんきゅう》浪《なみ》高《たかうして》魚《うお》化龍《りゅうとかす》」中国の夏王朝を開いた禹《う》帝が黄河の治水をした際、上流にある龍門山を三段に切り拓いたために、三つの滝ができます。「龍門三級（龍門瀑）」と呼ばれたその滝を登ろうと、たくさんの鯉が挑みます。しかし、なかなか登り切ることができない。滝を越えられるのは、あくまで挑戦をあきらめず、挑み続けた何万匹に一匹ですが、その鯉は龍となって天に昇っていくというのがこの禅語の内容です。

到底できそうもないと思えることでも、挑戦をあきらめずに行動を重ねていけば、いつかは達成でき、新しい境地が開ける、ということをこの禅語は語っています。動けば景色が変わります。壁に近づけば、何かとっかかりがあるかもしれない。そこに手をかけることが、壁を登る第一歩になります。米国メジャーリーグで大活躍し、シーズン最多安打記録を塗り替えたイチロー選手は、こんなことをいっています。

「壁というのは、できる人にしかやってこない。越えられる可能性がある人にしかやってこない。だから、壁があるときはチャンスだと思っている」

けだし名言です。ポジティブ・シンキングとはこうした考え方をいうのです。**壁は試練であると同時にチャンスでもあるのです。**

「動けば、壁もチャンスになる」

どうして成功より失敗が生きる〝糧〟になるのですか？

人生は山あり谷ありですから、成功の美酒に酔うこともある一方で、失敗の悔しさに泣くこともあるわけです。

人はともすると、失敗をいち早く忘れたいと思うもの。成功体験だけを重ねることが、よりよき人生に繋がると考えるからかもしれません。しかし、それは大きな勘違いです。**人生を生きる上で糧になるものは、じつは失敗の中にあるからです。**

かつての楽天ゴールデンイーグルスの監督をつとめた野村克也さんは、数々の箴言《しんげん》をのこしていますが、その中のひとつに次のようなものがあります。

「勝ちに不思議の勝ちあり、負けに不思議の負けなし」

これは肥前国平戸藩藩主だった松浦《まつら》清が著した剣術書『剣談』からの引用なのですが、その意味は、たまたま勝つことはあっても、負けにたまたまはない。負けた原因というものがあるのだ、ということ。この言葉はそのまま成功、失敗に当てはまります。

「成功に不思議の成功あり、失敗に不思議の失敗なし」

運やツキが重なって成功することはあっても、失敗にはそれはない。失敗の原因は必ずある。ですから、それをきちんと突きとめることが大事なのです。

たとえば仕事で失敗したとき、腐っているだけでは、何も得られませんし、また同じ失敗を繰り返す可能性も高いはず。一方、失敗の原因を探って明らかにしておけば、二度とその轍《てつ》を踏むことはありません。次回には、難なく乗り越えることができます。

失敗が仕事をする上での糧にも知恵にもなっていくわけです。

プライベートで手痛い失敗と感じるのは、失恋したときかもしれません。しかし、たまたま恋愛が破綻したわけではありません。失恋にもきちんと原因があるのです。

思いやりが足りなかった、包容力に欠けていた、独占欲が強すぎた、相手選びを間違えた……。じっくり思い起こせば、原因が炙り出されてきます。それが次の恋愛で活きることでしょう。以前より思いやりのある態度（包容力に富んだ、独占欲を抑えたなど）で接したら、きっと展開は違うものになるはずです。

失敗の原因を明らかにすることは、自分の「弱点」を知るということでもあります。

それを克服していけば、人としての器量も増します。

いかがですか、失敗から学ぶことは多いと思いませんか？

「弱点克服のための処方箋は、失敗の中にある」

大きな器を育てる
Q-7

もともと人は、生きているのですか？それとも、生かされているのですか？

しばらく前に「パラサイト」という言葉が流行ったことがありました。社会に出てからも親元で暮らし、生活面でも親に依存している人を指した言葉ですが、「いい歳をしてなんだ。自立できないのか」といった批判もあったように思います。

しかし、親元を離れ自活していたら、それは自立した人と呼べるのでしょうか？

たしかに、そういう人たちは、〝立派〟な自分を感じられるかもしれません。

禅では、自分でできるものは何ひとつない、と考えます。まず、身体からして自分の心臓や他の臓器を動かせません。己を超えた力が動かしてくれているのです。

仏教ではその力を「**仏性**」といったりしますが、**つまりは人知のおよばない真理が、私たちの命の源であり、私たちの身体を維持してくれているのです。**そう考えると、**人は生かされている存在なのだ、**という気がしてきませんか？

生きる基本となる食事も、自分が食材を買ってきてつくったのだから、誰の世話にもなっていない、と考えるかもしれません。しかし、そうではないのです。禅ではとりわけ食事作法を重んじていることもあって、修行中には食事の前に、必ず『五観の偈《げ》』という文言を唱えます。その最初にあるのが次の文言です。

「一つには功の多少を計り、彼の来所を量る」

目の前にあるこの食事がどのようにしてできたのかを考え、食事を準備してくれた多くの人に感謝いたします、というのがその意味です。当たり前のようにいただいている食事ひとつにも、一〇〇人の手がかかっているとするのが禅の考え方。一粒のお米も農家の人たちの手がなくてはできませんし、その後も、問屋関係者、小売業者……といった具合に大勢の人たちの手があってはじめて、私たちの口に入るのです。

食材にしても、すべて命あるものです。食事の前にいう「いただきます」も、そこに並んだ料理を食べる（いただく）という意味もありますが、本質的には〝食材の命〟をいただくということなのです。

他のものの命をいただいて、私たちは自分の命を長らえている。それは、他の命によって生かされていることではありませんか？　そう感じて生きていると、生かされるにふさわしい生き方をしているだろうか、と内省する謙虚な姿勢が生まれますし、何ごとにも感謝をする心が目覚めます。それは、人としての器がひとまわり大きくなっていくことに繋がっていきます。

「生かされていることに気づくと、何に対しても「ありがたい」と思える」

器が大きい、小さいとは、どういうことですか？

よく「あの人は器が大きい」「彼は器が小さい」といった言い方をします。しかし、その器とは一体何のことでしょう。私はこんなふうに考えています。**世の中のあらゆるものごとについて、どのような見方ができるか、どんな判断を下せるか、ということで器というものは決まってくる。**

言い方を換えれば、**ものごとを見たり、判断したりする際に、何を「拠り所」にしているかが器の大小を決める**ということです。

仏教では真理のことを「**法**」といいます。仏法という言葉がありますが、これはお釈迦様すなわち仏陀が説いた真理、つまり法であるからそう呼びます。

真理は、時代が移ろうと、地域が変わろうと、生活様式が違おうと、けっして変わることがないものです。法治国家には「法律」が定められていますが、この「律」は道徳律ということです。不変の真理を縦糸にし、それぞれの時代や地域、文化や民族の価値観などを包み込んだ道徳の基準を横糸として編み込んだもの、それが法律です。ですから、国によって法律は変わってきます。たとえば、命は大切であるとか、人を殺《あや》めてはいけない、ということは真理ですから、どこの国でも変わりません。

しかし、殺人を犯したときの量刑や処罰の仕方は、その国の法律によって定められるものですから、国が異なれば違ったものになるわけです。

すべてものの根源にあるのが真理だ思います。その**真理を拠り所にすること、真理に沿って生きること、それが器が大きいということではないでしょうか**。真理に照らしてものごとを見て、判断を下す。思うに、器が大きい人はそうして生きています。

一方、器が小さい人には真理は見えません。なぜなら、真理ではなく損得勘定が拠り所になっているからです。ものごとを見るときも、判断を下すときも、まず損か得かに照らしてしまう。すなわち真理からは大きく離れた生き方です。

「だけど、真理といわれても漠然としていて、いまひとつどういうことかわからない」

そんな人が少なくないかもしれません。**真理とは、生きている中で「気づく」しかないものだからです。**

禅に「**香厳撃竹**《きょうげんげきちく》」という公案があります。香厳和尚という人は、仏教を深く学び、修行にも打ち込んでいました。ところが、師から与えられた公案の答えがいくら考えてもわからない。答えを得ようと考え続けた期間は十八年にも及んだとされています。

香厳和尚はその師のもとを去り、かねてよりもっとも尊敬していた慧忠国師《えちゅうこくし》の墓のそばに庵を結んで暮らします。することといったら、毎日、毎日、国師の墓守り。つまり、お墓の掃除でした。

そんなある日、いつものように掃き掃除をしていたとき、箒で掃き飛ばした小石が竹に当たり、カチンと音を立てます。静寂の中のかすかな響きの中、香厳和尚はその音を聞いて、悟りを開いたのです。

「悟りを開いた」とは「真理に気づいた」と同義です。仏教の理論を学ぶことも、修行を積むことも大事です。しかし、同じように（あるいは、それ以上に……）**何でもない当たり前のこと（ここでは掃除ですが）を、倦《う》まず弛《たゆ》まず（飽きることなく、怠けることなく）続けていくことがもっとも大切なのです**。この公案がいわんとしているのは、そのことでしょう。

私たちは、日々様々なことに取り組んでいます。その一つひとつに心を込め、丹念に、一所懸命やっていく。それが倦まず弛まずおこなうということです。そこに真理への気づきがある。いや、そこにしか真理に気づく手立てはないのです。

たとえば、配偶者や子ども、恋人のために心を込めて料理をつくる。それを口にした相手が、「おいしい。ありがとう」と応えてくれる。そんなとき、つくった人の胸中には、人のために何かをすることの喜びがあふれるはずです。それが真理に気づくということです。〝心ここにあらず〟でつくった料理ではそんなことは起きません。

あるいは、一心不乱に仕事に集中して仕事をやり終えたとき、身体は疲れていても、心は爽やかな充実感で満たされます。そこで、「ものごとに打ち込むことは、こんなにも心を豊かにしてくれるのだ」と感じる。それも、また、真理に気づくことでしょう。

真理はいたるところにあるものです。それに気づいていくことで、ものごとの見方も、判断の下し方も、変わっていきます。少しずつ真理に沿った生き方になっていく。つまりは、器も大きくなっていくのです。

曹洞宗の坐禅は**「只管打坐《しかんだざ》」**といいます。ただ、ひたすら坐ることです。禅では、その姿がそのまま真理であるとしています。

いつでも、どんなときも、何ごとに対しても、「ただ」「ひたすら」であってくださ い。そして、ひとつずつでいいので、真理に気づいていってください。

ひとつ真理に気づくと ひとつ器が大きくなる

大きな器を育てる
Q-9

器の大きい人の共通点は何ですか？

器の大きさは、もちろん、目には見えません。しかし、周囲はそれをたしかに感じるものです。みなさんのそばにも、「大きいんだな」と感じる人がいるのではないでしょうか。そうした人には、共通している〝何か〟があるような気がします。

眼力の正しさもそのひとつでしょう。本当に大事なものは何か、人のためになること、社会のためになることは何か、をしっかり見据えている。それだから、生きる姿勢が揺るがず、どっしりとしているのです。ちょっとやそっとのことで動じることがない。人として重みを感じさせるわけです。

しかし、だからといって、時代の変化に対応できないということではありません。「不易流行《ふえきりゅうこう》」という言葉があります。松尾芭蕉を中心とした蕉風俳諧の理念として知られていますが、これは、いつまでも変わらない本質を守りながら、時代ごとに新たなものも取り入れていくという考えです。

器の大きい人にはこの言葉が当てはまります。生き方の芯として確たるものを持ちながら、時代に合わせて柔軟なものの見方ができるのです。時代に合わせるといっても、いわゆる一時的な〝ブーム〟や〝はやり〟に左右されることはありません。

私利私欲から離れているということも共通項でしょう。自分の利を求め、己の欲を満たすことが、すべての行動原理になっている人がいます。残念ながら、現代人にはそういうタイプが多いようですが、その対極にいるのが器の大きい人です。

そんな人には黙っていても人が集まりますし、何か行動を起こすといったときには人がついてきます。「協力しよう」という声が絶えることがないのです。

西郷南洲（西郷隆盛）にこんな言葉があります。

「命もいらず、名もいらず、官位も金もいらぬ人は、始末に困るものなり。この始末

に困る人ならでは、艱難《かんなん》をともにして国家の大業は成し得られぬなり」

動乱の幕末に、西郷と勝海舟の話し合いによって、官軍の江戸城攻めが回避されたことはよく知られています。「江戸城無血開城」として歴史に刻まれている、時代のエポックですが、その西郷と勝の談判をたった一人でお膳立てしたのが山岡鉄舟でした。先の西郷の言葉はその山岡を評したものです。〝無私の人〟山岡鉄舟の器は常人には計り知れぬほどのものだったのでしょう。

その人となりに器を学ぶのもよいかもしれません。

「始末に困る人」が大きな器の理想像

Q-10

深い悲しみから立ち上がるにはどうすればいいのでしょうか？

人は誰も、悲しみと無縁で人生を歩んでいくことはできません。心が押し潰されそうな悲しみ、胸を締めつけられるような辛い悲しみを引き受けなければならないときが、必ずあります。

「生者必滅《しょうじゃひつめつ》、会者定離《えしゃじょうり》」という言葉があるように、この世に生を受けた者は、必ず死を迎えることになりますし、出会った人とはいつか別れるのが定めなのです。そうした場面でどうふる舞うか。ここも器量を問われる場面でしょう。

「涙をグッとこらえ、悲しみに耐える――」お手本と思えるかもしれませんが、私は違和感を感じます。

悲しみには正面から向き合い、そのまま受けとめたらいいのです。

「喫茶喫飯《きっさきっぱん》」という禅語があります。お茶を飲むときや食事をするときは食べることだけに一所懸命になりなさい、という意味です。心を込めてお茶を飲む、食事をする、そうした行為とひとつになる。その大切さを語っているのがこの禅語です。

涙があふれたら、涸れるまで流せばいい。やせがまんをして無理に抑える必要などありません。それは悲しみとひとつになるということです。そして、とことん泣いて、「もう流す涙もなくなった」と感じるときがきたら、会えなくなってしまった人とどう〝向き合うか〟を考えればいいのです。印象深く記憶に刻まれている相手との思い出がいくつもあるはずです。ふとしたときに語られた言葉だったり、ともに過ごした日々の中の一場面だったり……。それらをじっくりかみしめてみましょう。

言葉だけでなく、ふる舞いや表情にも、その人の思いがこもっているはずです。

「あのときの言葉（ふる舞い、表情）にはこんな思いがあったのだな」

そのときには気づかなかったとしても、あらためて思い返してみると、相手の思いが手に取るようにわかってきます。

それを忘れずにいる。そして、その後の自分の人生の中で折りにふれて心から取り出し、励みや生きる指針にしていく。そうすることで、相手との思い出は昇華されていくのです。悲しみから立ち直るというのは、きっとそういうことなのだと思います。

時間がかかるかもしれません。しかし「時薬」といって、時は薬でもあります。時間の経過とともにどれほどの深い悲しみも、少しずつ和らいでいきます。それにまかせて心が整うのを待てばいいのです。

涙もすべて流しきれば悲しみとひとつになれる

よく生きる心を育てる
Q-11

生きる目的を〝どこ〟に置くべきですか？

「生きる目的とは一体何だろう？」自分自身にそう問いかけたことが一度もないという人はいないのではないでしょうか。答えには個人差があって当然です。裕福な暮らしをすること、家族を幸せにすること、仕事で成功すること……。

何を目的に据えても他人からとやかくいわれる筋合いはありません。

その上で、ひとつ重要なことがあると思います。歩んできた人生にピリオドが打たれる瞬間、自分がこの世を去る際に、「ああ、よい人生が送れたな」と感じられること。もし、そう感じられないとしたら、その人生はどこか寂しくはないでしょうか。

〝よい人生〟のヒントのひとつが宗教にあります。仏教の開祖はいうまでもなくお釈迦様ですが、その教えは約二五〇〇年もの間、受け継がれています。また、キリスト教は約二〇〇〇年、イスラム教も約一五〇〇年と続いていますが、その理由は、教えが時の流れの中で色褪せることがなかったからです。別の言い方をすれば、**教えの中に真理、あるいは真実を見つける人びとが絶えることがなかったから**ともいえます。

宗教ほど世界的でなくても、その教えや考え方、ふる舞い方、また携わってきた技術や文化といったものが、後世にしっかり受け継がれていくこと、そして、後世の人たちがそれを拠り所として生きていくことは、その人がよい人生を生きたというたしかな証になる、と私は思っています。

「いつも辛抱が大事だといっていた父でしたが、たしかに一度も愚痴や弱音を吐いたことがなかった。あの姿勢は見習わなくてはいけない」

「誰に対しても変わらず優しかった母。私の人生のお手本だわ」

「親方の技はすごかった。何とかものにして、伝えていくのが弟子のつとめだ」

子どもから、もしくは弟子筋からそんなふうに思われている人たちの人生は、まぎれもなくよい人生だったのだと思います。そんな人たちは、ことさらに崇高な生きる目的を掲げていたわけではありません。けれども、**ただ一途に生きた。**辛抱すること、優しくあること、職人の技を磨くことを、ひとときも疎かにせずに生きたのです。

禅には**「一息《いっそく》に生きる」**という言葉があります。**ひと呼吸するその瞬間を、一所懸命に生きなさい、**という意味ですが、一途に生きた人びとがそうだったように、その積み重ねが人をよい人生に導くのです。どのような生きる目的を持ってもいいと思いますが、肝心なのは、そこに向かって一息に生きていることです。

生きる目的より一息に生きること

第5章

「心の静寂」を保てば豊かになれる

何をしていても〝心の静寂〟は見出せる

ふだん喧噪の中で生活していると、目や耳から雑多な情報が飛び込んできますから、その刺激で心が安まる暇すらありません。疲れた心を癒すには静寂な空間に身を置くのがいちばんです。

さて、その静寂ですが、物音ひとつしない静けさが心の癒しになるかというと、けっしてそうではありません。無音の空間はかえって不安を掻き立てます。人が「ああ、静かだなあ」と心地よさを感じるのは、森の中などですが、そこでは様々な音がしています。

風が木の葉を揺らす音、水が流れる音、小鳥のさえずり……。それら自然の音に包まれた静寂が、心を癒し、安らかにしてくれるのです。〝心に静寂〟が訪れるといってもいいでしょうね。

禅でいう「心の静寂」とは、自然の音が身体に素直に入ってくる心の状態のことです。聞こえるというより、感じるといった方がいいかもしれません。「あっ、葉音がしているな」とそのことだけにとらわれてしまうと、他の音が聞こえなくなる。そうではなくて、どこにもとらわれがなく、どんな音もあるがままに感じとれる、というのが本当の心の静寂でしょう。

坐禅をするとそれがよくわかります。解き放たれた心に自然の音だけが満ちてくる時間があります。そんなときは静寂な自然に心が同調して、何ものにも代え難い心の安らかさ、穏やかさが実感できると思います。

ただし、禅にはこんな言い方があります。

「動中の工夫、静中にまさること百千億倍」

臨済宗の中興の祖といわれる白隠《はくいん》禅師の言葉です。「動中の工夫」とは日常でのろもろの作業をする中での修行のこと。それに対して、「静中の工夫」は静かに坐禅をすることをいいます。いかにも修行をしている感じのする坐禅は精進しやすいが、日常の作業に精進するのは難しい。そうであるからこそ、日常作業に心を込めて当たることが、何倍も、何倍も、大切なのだ、というのが白隠禅師のいわんとするところでしょう。

さきほどお話しした心の静寂についても似たようなことがいえそうです。大自然や禅の庭の静謐《せいひつ》な佇《たたず》まいの中にいれば、静寂は得やすいはずです。逆に、日常の中で心が乱れている、と感じたときなどは、静寂を取り戻すのは難しいことでしょう。しかし、そういう日常生活の中にこそ、静寂を取り戻すことが大切なのだと思います。

そのためには、何度も静寂というものを繰り返し体感することです。禅寺は各地にありますから、まずは近くの寺に出かけ、その庭に佇んでみてください。

「ああ、心の静寂ってこういうことか」と身体が感じてきたら、動中に心の静寂を得るレベルに、確実に一歩前進したわけです。いつでもどこでも、そして何をしていても、静寂を取り戻せるようになれば、心はつねに安寧《あんねい》でいられます。

"無心"をものにたとえてみると

坐禅会のあとに、こんな質問を受けることがあります。

「坐禅をすると無心になれるのでしょうか？」

坐禅に取り組む動機は人それぞれだと思いますが、ほとんどの人が「何かが得られる」「いまとは違った自分になれる（変われる）」と考えているようです。つまり、何か目的があって、それを達成するための手段として坐禅を位置づけているのです。

しかし、第4章でもお話ししましたように、坐禅は、とくに曹洞宗の坐禅は、「只管打坐」といって、ただ、ひたすら坐ることに徹します。坐ること、それ自体が目的であり、ほかには何もないのです。

もちろん、坐ることで、身体にも心にも変化が感じられるということはあります。たとえば健康になった、腹が据わってきた、といったことですが、それはあくまで結果としてついてきたものなのです。この点はいま一度、深く胸に刻んでおいていただきたいと思います。ですから、冒頭の質問に対する答えは、**坐禅をしたからといって無心になれるということではない、**となります。ただし、結果として、無心という心のあり様を体得することはある、ということにもなるでしょうか。

ところで、みなさんは無心をどのようなイメージで捉えていますか？　読んで字のごとし、心がないこと、心が空っぽなこと、という捉え方かもしれません。しかし、心をなくしたり、空っぽにしたりすることが、果たしてできるものでしょうか。仮にできるとしても、相当な〝頑張り〟が必要になると思います。

「何も考えてはいけない。考えたら空っぽにならない！」という試みは、かなりの努力が必要だと思いますし、うまくいく見込みは限りなく薄いと思います。

私は「心をひとところにとどめないこと」が無心だと思っています。浮かんでくる考えや思いにまかせて、心を自由に遊ばせておく。それをまさに体現しているのが空に浮かぶ雲です。事実、「**雲無心**《くもむしん》」という禅語もあるほどです。

雲は風が南から吹けば北に流れ、形も変幻自在に変えます。すべてを風にまかせ切っている。流れる方向にこだわったり、形に執着したりすることは、まったくありません。しかし、どこに流れようと、どのような形になろうと、雲であるという、その本質は少しも変わることがないのです。こだわりから離れ、執着を脱した、まさしく無心の姿です。

心をとどめるから、こだわりや執着が生まれ、それが悩みや苦しみの原因もなる。

誰にでも〝よからぬ思い〟がふと浮かぶことがあると思います。そこで、「こんな思いを持ってしまった……。早く消し去らなければ」と考えるとかえって、心はその考えにとどまり、それがこだわりとなり、いたずらに自分を嫌になったり責めたりすることになります。しかし、雲のように浮かぶにまかせて放っておけば（無心でいれば）、気づかぬうちにそれらも消えていくのです。

一度、雲をじっくりと眺めてみませんか？

お金がなくても心静かでいられる理由

人は幸福を感じた瞬間に心が躍るものですが、その幸せがじわりとしみ入ってくるのは、時間が経って独り静かな心でいるときではないでしょうか。

雲水と呼ばれる禅宗の修行僧は、「夜坐」と呼ばれる夜の坐禅をしたあと、思い思いに坐禅をすることがあります。その際、「禅の庭」と向き合って坐ったりするのですが、月明かりに照らされた白砂の美しさは格別です。ただ座っているだけで、心に幸福感がしみ入ってくるのです。そうした経験からも、**一日に一度くらい静かな心になるひとときを持つことは、生きる喜びに繋がる、**と私は強く思います。

「そうはいっても、生活に余裕がなければ、静かな心になどなれないのではないか」

そう考える人もいるでしょう。たしかに「衣食足りて礼節を知る」という諺もあります。着るもの、食べるものが十分にあってはじめて心が騒がなくなり、礼儀や節度を弁《わきま》えられるようになるのだ、というのがその意味ですが、この諺に照らせば、衣食が不十分だと心は騒ぐばかりだ、ということになりそうです。

しかし、現代の日本でその日に着るもの、食べるものにも事欠くという状況は、考えにくいのではありませんか？　少なくとも、一般的ではないでしょう。静かな心になるのに、あり余るほどの金銭的な豊かさは要りません。

仏教に次のような逸話があります。二人の牛飼いの話です。一人の牛飼いは九九頭の牛を持っています。もう一人の牛飼いが持っているのはわずか三頭。あるとき、九九頭の牛を持っている牛飼いが三頭しか持っていない牛飼いのもとにやって来て、牛を一頭もらえないかと頼みます。一頭増えればちょうど一〇〇頭になるから、どうしても一〇〇頭の牛を持ちたい、と九九頭の牛飼いは懇願する。

三頭の牛でも暮らし向きは楽ではありません。しかし、いわれた方は、そこまで牛一頭が必要で、自分が差し出すことで相手が喜んでくれるのなら、と一頭をあげてしまいます。もらったほうは「しめしめ、まんまと牛を手に入れてやった」とほくそ笑む。

しかし、その笑みは瞬時に消えます。すぐにも一〇一頭目をどうやって手に入れるか、そのことにしか考えがいかないからです。あれこれ策をめぐらせている心は騒ぎます。一方、二頭になった方の牛飼いは、一所懸命に働いて、また三頭にすればいいと考えていますから心は穏やかで静かです。どこにも心を騒がせるものがないからです。いかがでしょうか？　人より裕福になっても心が騒ぐことはありますし、人より貧しくなっても静かな心でいることはできるのです。

第4章でもお話ししましたが、九九頭の牛飼いは多欲の典型、三頭の牛飼いは少欲の生き方そのものです。**金銭的に豊かかそうでないかが、静かな心になれるかなれないかを決めるのではありません。心の持ち様、あり様が、それを決めるのです。**

静かな心で、「ああ、今日も一日無事に過ごせた。ありがたいことだなあ」と感謝を抱いて安らかな眠りにつくか、「どこかにうまい儲け話はないものか」と欲にとりつかれて悶々とするか。もちろん、その選択権はあなたにあります。

仏教に学ぶ、人間関係の極意

日本人批判としてしばしば語られるのが、「YES」「NO」をはっきりいわないということです。

グローバル化が加速する現在、とくにビジネスの場面では、そうした傾向が欧米人を戸惑わせたり、いら立たせたりすることがよくあると思います。

彼らにすれば、〝曖昧〟さはビジネスの阻害要因でしかない、ということになるのでしょう。しかし、私は少し違った見方をしています。ものごとに白黒をつけないというのは、仏教の考え方そのものなのです。

お釈迦様が説かれたのは**「中道」**という教えでした。当初、何年にもわたって苦行を続けてこられたお釈迦様は、それが悟りへの道ではないことに気づかれ、苦行を捨てて中道を修行の核に据えます。お釈迦様のこんな言葉があります。

「中道をはっきりと悟った。これは人の眼を開かせ、理解を生じさせ、心の静けさ、すぐれた智慧、正しい悟り、涅槃《ねはん》のために役立つものである」

中道とは、文字どおり、右にも左にも偏らない真ん中の道を行くこと。つまり、白黒をはっきりとはつけないという考え方です。その説明の際、お釈迦様は琴の弦を喩《たと》えにあげられました。琴の弦は張りすぎても、緩めすぎても、美しい調べを奏でることはできない。ほどよい張りであってはじめて、いい音が出るのだ、というのがそれです。


白黒をはっきりさせると、争いごとが起こります。「これは白だ」と決めつけてしまえば、黒を主張していた人は、いわば、完全敗北となりますね。平たくいえば、面目を失い、立場がなくなるわけです。叩きのめされたという感覚にもなるでしょうし、相手に対する怨念も生まれかねない。

仏教は、いかに争いごとを起こさずに生きていくかを大切にしますから、つねに相手の立場を慮《おもんぱか》る教えなのです。他宗教に対しても寛容である点は、それを証明していると思います。

これとは逆の考え方をするのが一神教です。キリスト教やイスラム教は異なる宗教を認めません。自分たちだけが白（正）であり、他はすべて黒（邪）と見なす。それが争いごとのタネになるのは、数々の歴史的事実が物語っていますし、現在の地域紛争にも如実にそのことがあらわれています。

多民族国家である米国は〝人種の坩堝《るつぼ》〟という呼ばれ方をしていましたが、ここにきて少し変化が起き、坩堝ではなく〝サラダボウル〟という表現に変わってきています。坩堝では様々な金属が混じり合って均一になるのに対して、サラダボウルでは、レタスはレタス、トマトはトマトというふうに、それぞれの個性が保たれています。

他民族をすべて米国化するのではなく、それぞれの民族性を尊重しつつ、共存するという方向に、国家運営の舵を切りつつあるということかもしれません。

日本人の民族的特性のひとつは、争いごとを好まない穏やかさにあります。日本人はそもそも、白黒をつけないという仏教の考え方と親和性が高いのです。

どのような状況でも、相手をとことん追いつめることはせず、面目は保たせるという配慮の働くのが日本人です。それをよくあらわしているのが「武士の情け」や「惻《そく》隠《いん》の情」といった言葉ではないでしょうか。

そう考えると、白黒つけないことを曖昧と断じるのは、違っている気がしてきませんか?

白黒の別はわかっていながら、あえてはっきりさせないでおく。そこにあるのは思いやりの気持ちだと思います。

一片の思いやりも感じさせない人間関係は、ギスギスしたものにならざるを得ません。それに対して、仮に相反する立場の相手であっても、思いやりを感じることができるのであれば、両者の間に潤滑油が流れ込みます。それは心を穏やかにするものです。

ものごとに白黒をつけないという日本人の資質は、もっと誇ってしかるべきだという気がするのですが、あなたはどう思われますか?

〝不動心〟の本当の意味がわかりますか？

人は日々、いろいろなことに出会い、経験を重ねます。何に出会い、どんな経験をするかによって心が動くわけです。たとえば、人事異動の時期に思ってもいなかった左遷の命が下った、といったことになれば「一体どうしてだ⁉」と上層部への疑念や怨みで心が激しく動揺することでしょう。

一方、自分が担当した仕事を成し遂げたとき、上司から「いい仕事をしたな。よくやった、とご機嫌だったぞ」というほめ言葉を頂戴したら、心はうきうきするはずです。

いずれにしろ、心にそのときどきの感情がずっと残ることは、注意が必要です。前者であれば、疑念や怨みが心を支配して、仕事が手につかなくなったり、人間不信に陥ったりする。後者なら、自分の能力を過信してしまい、有頂天になって周囲の顰蹙《ひんしゅく》を買うとかです。心に感情がとどまってしまうと、そのような事態にもなりかねません。

喜怒哀楽の感情で心が動くのは自然なことですし、そこにこそ人間らしさがあるのだと思います。問題はその後でしょう。

禅にはこんな言葉があります。

「八風吹不動《はっぷうふけどもどうぜず》」

生きている間に、人は様々な風に吹かれます。つまり、いろいろな状況に遭遇する。ここでいう八風とは、「利（り）」「誉（よ）」「称（しょう）」「楽（らく）」「衰（すい）」「毀（き）」「譏（き）」「苦（く）」の八つのこと。それぞれ、成功すること、陰でほめること、面と向かってほめること、楽しいこと、失敗すること、陰でそしること、面と向かってそしること、苦しいこと、を意味しています。

この風の中で生きるのが人生。しかし、どの風が吹いても動じないで生きなさい、というのがこの禅語の意味です。地上に風が吹き渡れば、草木も揺れますし、砂も吹き飛ばされます。しかし、そんな中でも天辺《てっぺん》の月は動くことなく、静かな光をたたえている。心もまた、その月のようにあるのがよいというわけです。

禅では月を真理の象徴ととらえています。たしかに、真理を究めた人ならば、月のごとき心のあり様でいられるのかもしれません。

しかし、それは理想であって、誰もが容易に到達できる境地ではありません。そうであるならば、こう考えたらいかがでしょう。

そのときどきの状況の中で心が動くのはいい。ただ、それは瞬時であって、すぐに静かな状態に戻る。たとえば、竹は風が吹く方向に逆らうことなくしなります。しかし、風が止めばスッと背筋が伸びるように、もとの姿に復《かえ》りますね。心に求められるのはそうしたしなやかさです。

世間では、「不動心」という言葉がよく取りざたされます。何ごとにも動じない心と受け取られているようですが、本当の意味は違うと思います。**戻るべき場所がわかっていて、動いてもすばやく、しなやかにそこに戻ることができる心。それが本当の不動心なのではないでしょうか。**

つらいことがあってへこたれそうになっても、ふっと思い返して前向きな心に戻っていく。嬉しいことがあり、舞い上がりそうになっても天狗にならず、平静な心に戻っていく。そのようにしてこそ不動心といえるのではないかと思います。

何があってもまったく動じないという状態は、一見強く見えても、じつは脆《もろ》さと背中合わせです。巨木はしなることなく、強風にも耐えますが、風の勢いがさらに増すとポキリと折れてしまいます。動じない心もそれに似ています。

心が感じたまま、素直にしなる。それでいいのです。ただし、そうした気持ちは瞬時のことと捉え、すぐまた静かな心にしなやかに戻る。

喜怒哀楽を晦《くら》まさず（誤魔化さず）、とらわれず、の心を育ててください。

「捨てる」と「豊かになる」のはなぜ？

禅語に「放下着《ほうげちゃく》」というものがあります。捨てて、捨てて、捨て切りなさい、というのがその意味です。手に入れたい、自分のものにしたい、というのが人間の〝性《さが》〟ともいえますから、この禅語は真っ向から人のあり様を戒めるものという印象を持たれるかもしれません。

それでは、なぜ禅では捨てることを重んじるのでしょう。それは、好むと好まざるとにかかわらず、生きるということが何かをまとっていく路程と考えるからです。

生まれたばかりの赤ちゃんは、裸ですし心もまっさらです。身体にも心にも何もまとっていない。しかし、成長するにしたがって、いろいろなものをまとうようになります。

知識や経験もそうでしょうし、それらが土台になった考え方や価値観も、さらには、生活のための様々な物品も、それに当たります。もちろん、それらは生きる上で必要なものです。しかし、際限なくまとえばいいというものではありません。

身体でいえば、生命を保つために食事は不可欠ですが、食べられるだけ食べればいいというものではないでしょう。グルメな時代はいまも続いているようで、十二分に食事をとった後で、「デザートは別腹」「フルーツは別腹」といって、さらにお腹に詰め込むといった光景が、随所で見られます。

その帰結が、余分なぜい肉が内臓にまとわりつく「メタボリック症候群」の蔓延でしょう。身体の場合は見た目にも明らかですし、自分で感じることもできるからまだいいと思います。「これはまずい、何か手を打たなくては」という自覚が促され、医師に相談するとか、運動を始めるとか、食生活に配慮するとか……ということになります。つまり、何らかの策を講じることによって、解消することができるのです。

しかし、余分な〝ぜい肉〟がつくのは身体だけではありません。心にもまとわりつくのです。執着心、我欲、妄想といったものがそれです。仏教でいうところの**「煩悩」**です。心にそれらがびっしりと張りついてしまった状態。私はそれを**「心のメタボリック症候群」**と呼んでいます。

心のメタボの場合、見えない分だけやっかいです。メタボの状態であることに自分で気づかない限り、これはどうにもなりません。気づかないまま、煩悩がさらに層を重ねていく。**そこで重要になってくるのが、捨てる、放つ、ということなのです。**

たとえば、何かを手に入れたいと思ったとき、そこで一歩踏みとどまって、その思いを手放してみる。手に入れたいというのは執着ですから、それを手放すのは執着を捨てるということになります。

すると、心が軽くなります。何もかも手に入れたいと思っていた心から、一枚、執着が剝がれるのです。その心の軽さを体感することが大事。なぜなら、そのことで、自分が幾重にも執着をまとっていることに気づくからです。

気づきがあれば、気持ちは、まとっているものを捨てよう、放とう、削ぎ落とそう、という方向へ向かいます。するとメタボは解消されていき、心は次第に軽くなっていくことでしょう。

まとっているものすべてを削ぎ落とすことはできないかもしれません。しかし、禅ではできる限り、それを目指します。修行はそのためのものといってもいい。**禅で求めるのは「簡素」です。**余計なものが何もない簡素さの中にこそ「美」を見い出せるというわけです。

ふる舞いも、暮らしも、考え方も、生き方も、そして、心も……簡素であるほど美しい。それが禅の世界観といってもいいでしょう。

みなさんは、お茶のお点前《てまえ》を見たことがあるでしょうか。一服のお茶を点《た》てる所作の一つひとつは、どこにも余計な動きがなく、流れるように繋がっています。ムダな動きを削ぎ落とした簡素な所作だからこそ、究極の美しさがそこにあるのです。

思い切って捨ててみませんか？　少しずつでもいい、簡素に近づき、そこに美しさを見出してほしいと思います。**その清々しい、静かな豊かさは、手に入れたものに埋もれている豊かさとは比べものになりませんよ。**

「沈黙」「余白」「間」があなたの感性を豊かにする

コミュニケーションは、いうまでもなく、言葉を使って行います。しかし、それはあくまで基本。言葉を交わさないところにも、もっといえば、そこにこそ密度の高い心と心の交流はあるのです。

「教外別伝《きょうげべつでん》」という禅語はそのことを語っています。本当に大切な教えや悟りは言葉では伝わらない、心から心に伝わるというのがその意味です。

さらには、こんな禅語もあります。

「南山打鼓北山舞《なんざんにつづみをうてばほくざんにまう》」

南山と北山は中国の山で、西湖という湖をはさんでそびえています。その南山で師が鼓を打てば、北山では弟子がそれに合わせて舞うということです。二つの山は離れていますから、師が打つ鼓の音が弟子に聞こえるわけもありません。しかし、深く結びついた二人の間では、言葉も音さえも介さずに、心が通い合っているということですね。「沈黙」はときに言葉以上に雄弁です。みなさんも、親しい人との触れ合いの中で、その人の沈黙から言葉にならない思いを感じ取ったことがあるのではないでしょうか。友人と会話をしている途中で相手がふと黙ったとき、「君の悲しみは、そこまで深いものだったのか」ということがわかってしまうことがある。

沈黙は、どんな言葉を選んでも伝えきれない〝思い〟を表現します。

私がデザインをさせていただいている「禅の庭」では「余白」が沈黙に当たります。もっともシンプルな枯山水は石組と白砂で構成しますが、その素材では表現しきれない心の世界を余白に託すのです。**余白とは、何もない空間ではありません。それは、目に見える素材よりも重要な〝素材〟なのです。**

能や歌舞伎などの伝統芸能には「間」というものがあります。これも動きや所作などではあらわせないものを表現しています。歌舞伎役者が見得を切った後、一瞬の「間」を置く。観客はそこに所作を超えて訴えてくるもの（たとえば、演者の気迫や役への熱い思いなど）を感じて、「○○屋！」とひと声かける。これぞ歌舞伎の醍醐味でしょう。

現代人、中でも若い世代は総じてしゃべりすぎです。何人かの若者が集まってわいわいやっているのを、聞くともなしに聞いていると、間断なく言葉が飛び交っている。しかし、その内容は失礼ながらスカスカという印象を拭えません。

もちろん、気の置けない仲間と他愛のない話で盛り上がるのはいいと思います。しかし、ときには沈黙で何かを伝え、相手の沈黙から何かを感じるというコミュニケーションを経験しておくのも大事なことではないでしょうか。

人は本来、心や思いを感じる力を生まれ持っています。せっかく与えてもらったその力も、言葉だけの上っ面な会話ばかりしていては、宝の持ち腐れになってしまいます。沈黙を大切にしてください。そして、**沈黙こそが感じる力を磨くのだ**ということを、自分の経験を通して実感してください。

疲れた心を癒す最高のリフレッシュ剤とは？

多忙な日常生活で、人はつねに何かを考えて、行動しています。仕事では、その日の打ち合わせをどう進めようかとか、会議で何を発言しようかと考えているのではないでしょうか。人づき合いでは、気遣いや心配りも必要になりますし、個人差はあっても、その人なりに神経を使っていることでしょう。

しかし、そうしたことを日々繰り返していけば、自分でも気づかないうちに心に負担がかかり、それが大きくなっていくことでしょう。

気分が沈んだり、滅入ったり、イライラしたり、怒りっぽくなったり……。そんな気持ちになるのはある種のシグナル。心が疲れを訴えている証拠です。**疲れの原因をひと言でいえば、「はからいごと」をしているからだといえるでしょう。**それが悪いというのではありません。打ち合わせの内容を考えるのも、人に対する気遣いや心配りなどで神経を使うのも、広い意味でははからいごとです。はからいごとなしには生きていけない。いってみれば、それが人間社会の原則です。

一方、自然はどうでしょうか。そこには、はからいごとなどありません。たとえば、春はいっせいに種々の花が開きます。その代表格である桜は、「今日は花見客が多いな。ここはパッと咲いてみせるか」といって花開いたりするでしょうか。

当然そんなことはありません。桜だけでなく、花はただ咲くべきときに咲いているだけです。禅ではそれを**「本分に徹している」「本分をまっとうしている」**といいますが、自然は、まったくはからいごとから離れたところに成り立っているのです。

春を告げる鶯も、「そろそろひと声鳴くか」などとはからうことはありませんし、川の流れ、風のそよぎなど、すべての自然ははからいごとと無縁です。

「月知明月秋《つきはめいげつのあきをしり》、花知一様春《はなはいちようのはるをしる》」

この禅語の意味は、月はその姿がもっとも美しく輝く秋を、花は開くべきときである春を自然のうちに知っていて、それぞれふさわしい時機にその本分をまっとうしているということ。**私たちが明月を見て心が清々しくなったり、花を愛でて心が晴れやかになったりするのは、自然の営みにははからいごとがないからです。**

自然との触れ合いは、疲れた心の最高のリフレッシュ剤でもあります。はからいごとのない世界にひたっていると、人も自然と一体となり、やがてははからいごとを忘れていきます。そうした世界に身を置いていると、つらさ、しんどさ、重さといったふだん心に背負っているものが、一つずつ溶け出していって、心に安らかさ、穏やかさが戻ってくることでしょう。

この時代が失いつつあるもの。そのひとつが自然との触れ合いであることは、誰の目にも明らかです。心が疲れたままでは、いきいきすることはできません。

心が疲れたと感じたときは、いつでも〝自然に還る〟ようにしてください。

おわりに

本書を一読されて、みなさんは「ゆるせる」自分を感じているでしょうか。

禅は実践が大切です。どのページでもいいので納得感があったもの、「これならできそう」と思ったものから始めてみてください。

そして、ゆるすことがもたらす心の変化、すなわち、ひとつゆるせば、ひとつ心が豊かになるということを、体感していただきたいのです。その体感が次なる実践の原動力になります。

そうして実践を積み重ねていく。それは、心の豊かさをひとつずつ自分のものにしていくことです。

どんな時代にあっても、心が豊かであったら、人生のあゆみの一歩一歩が輝きますし、幸せもいまより感じられるはずです。

一人でも多くのみなさんにとって、本書がその人生に寄り添うものであれば、筆者としてこれ以上の喜びはありません。

合掌

二〇一五年　五月吉日　枡野俊明　建功寺方丈にて

枡野俊明（ますの・しゅんみょう）

曹洞宗徳雄山建功寺住職、庭園デザイナー、多摩美術大学環境デザイン学科教授。玉川大学農学部卒業後、曹洞宗大本山總持寺で修行。「禅の庭」の創作活動によって、国内外から高い評価を得る。芸術選奨文部大臣新人賞を庭園デザイナーとして初受賞。ドイツ連邦共和国功労勲章功労十字小綬章を受章。2006年『ニューズウィーク』日本版にて、「世界が尊敬する日本人100人」に選出される。庭園デザイナーとしての主な作品に、カナダ大使館、セルリアンタワー東急ホテル庭園など。著書に『禅が教えてくれる美しい人をつくる「所作」の基本』（幻冬舎）、『心配事の9割は起こらない』（三笠書房）、『寂しさや不安を癒す　人生のくすり箱』（KADOKAWA／中経出版）、『生きるのがラクになる椅子坐禅』（小学館）、『50代を上手に生きる禅の知恵』（PHP研究所）などがある。

「ゆるす」という
禅の生き方

2015年7月10日　第一刷発行
2015年9月15日　第三刷発行

著　者　　枡野俊明
発行人　　出口 汪
発行所　　株式会社 水王舎
〒160-0023
東京都新宿区西新宿6-15-1 ラ・トゥール新宿511
電話 03-5909-8920

本文印刷　大日本印刷
カバー印刷　歩プロセス
製　本　ナショナル製本
装　丁　水戸部 功
校　正　斎藤 章
組　版　アーティザンカンパニー
編集担当　田中孝行
編集協力　吉村 貴

落丁、乱丁本はお取り替えいたします。

ISBN978-4-86470-025-2 C0095